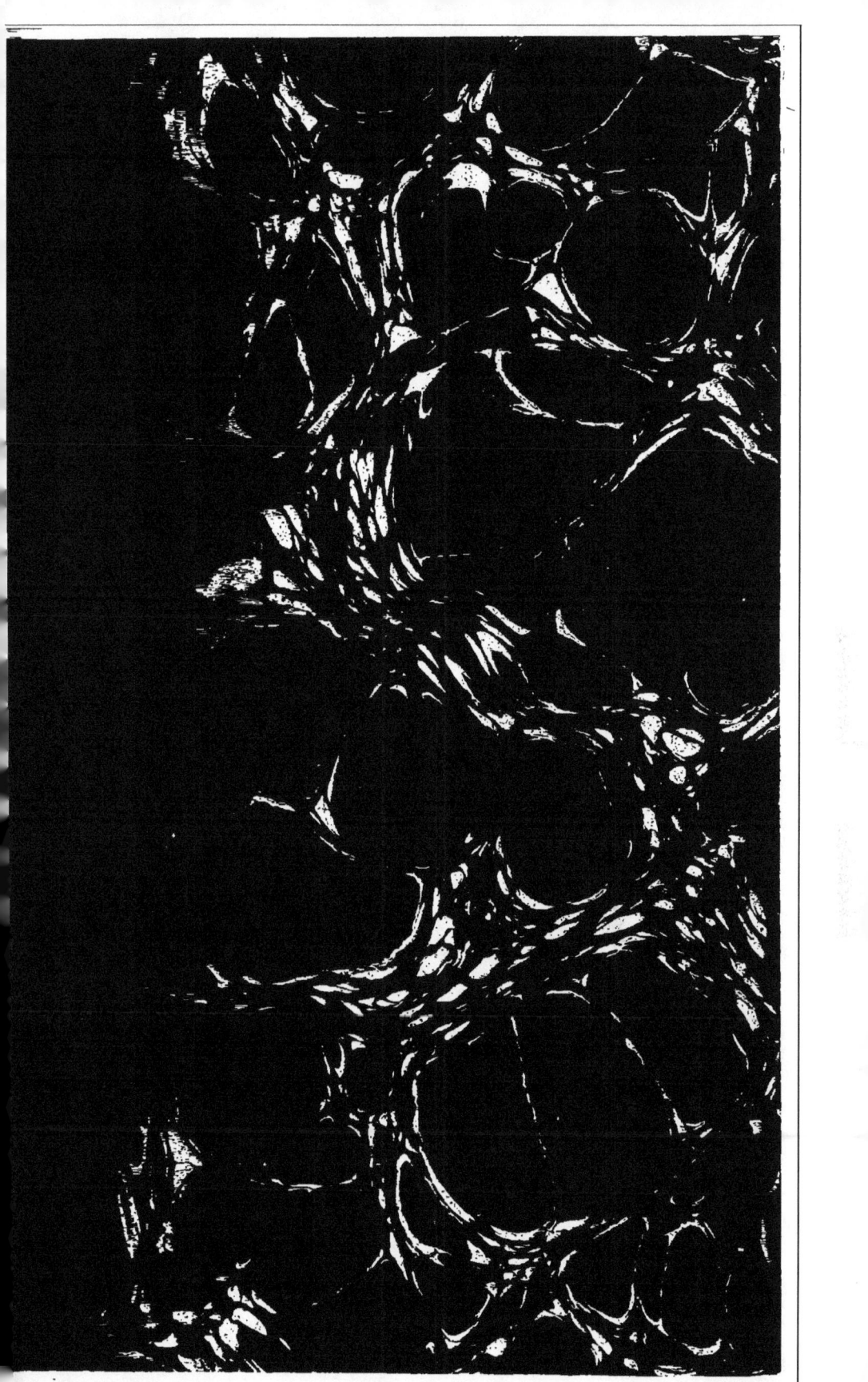

8·Z
LE SENNE
6/34

BOUQUINIANA

527

8º Z

Moderne

0 134

Il a été tiré de cet ouvrage

TROIS CENT SOIXANTE-QUINZE EXEMPLAIRES :

10 exemplaires sur papier du Japon (A à J).
5 exemplaires sur papier de Chine (K à O).
10 exemplaires sur papier de Hollande (P à Y).
350 exemplaires sur alfa vergé (1 à 350).

———

N° 73

BOUQUINIANA

Notes et Notules
d'un Bibliologue

PAR

B.-H. GAUSSERON

PARIS

H. DARAGON, Libraire

10, Rue Notre-Dame-de-Lorette, 10

—

1901

AVANT-PROPOS

IL manque un volume, entre autres, à la collection, si vaste et jamais complète des *ana*. J'essaie de combler cette lacune. Non pas que j'aie la prétention, qui serait ridicule, de réunir ici tout ce qui a été dit et écrit de mots plaisants ou mélancoliques, indulgents ou sévères, d'anecdotes, de maximes, d'aphorismes, d'apophtegmes, de sentences, de jugements à propos du livre. Mais j'aurai du moins formé comme un noyau autour duquel chacun pourra grouper le résultat de sa propre expérience, — recherches ou sentiments. C'en est assez pour mon ambition.

Lorsqu'on aime un objet, tout ce qui

1

s'y rapporte, tout ce qu'on en raconte,
en bien ou en mal, touche vivement l'être
épris, a un écho joyeux ou douloureux,
sympathique ou indigné, dans son cœur.
C'est à ceux qui, comme moi aiment le
livre que ces pages s'adressent. Tous les
amants du livre sont curieux des opinions et des impressions de ceux qui
l'ont aimé avant eux ; non pas seulement
des éloges et des enthousiasmes, mais
encore et davantage peut-être des repro-
ches et des malédictions des malavisés
qui, lui demandant plus ou autre chose
que ce qu'il peut donner, ont fait, sous
le coup de leur déception, profession de
le haïr, sans vouloir convenir que la
haine n'est au fond, en ce cas comme en
tant d'autres, que de l'amour blessé.

Quoi qu'il en soit, le livre est, pour
tous ceux qui lisent, un personnage ubi-
quiste, hermaphrodite, omniscient, toujours jeune et toujours vieux, dont la
fonction est de parler et de faire parler,
— voire penser, — et qui émet et inspire
souvent des dits, appuyés ou non de
gestes, mais qui sont bons à recueillir
et à répéter. J'en ai glané bon nombre,
au hasard de la rencontre et du caprice,

et j'en ai fait une gerbe que j'offre à mes
frères en bibliophilie, n'y ayant fourni
qu'un lien assez lâche pour que chacun
d'eux y puisse ajouter sa moisson.

B.-H. G.

BOUQUINIANA

I

Μέγα Βίβλιον, μέγα κακόν, « gros livre, grand fléau », dit la sagesse hellénique qui, pour n'être pas infaillible, est toujours bonne à méditer. Il faut reprendre et répandre cet apophtegme, notamment ; car à l'observer, que d'auteurs gagneraient, sans compter le public !

C'est ce que pensait La Fontaine, lorsqu'il disait de son ton bonhomme :

> Les longs ouvrages me font peur.

Trop de rigueur serait pourtant hors de saison ; rappelons-nous le mot de Juvénal : *Periturœ parcite chartœ.* « Soyez indulgents au papier périssable ! »

1.

C'était l'avis de Tom Brown; du moins
est-ce ainsi qu'on peut comprendre sa
boutade : « Certains livres sont comme la
ville de Londres : ils valent davantage
après avoir été brûlés. »

Le même humoriste fait cette remarque
à double détente :

« Les pièces de théâtre et les romans
se vendent autant que les livres de piété;
mais il y a cette différence : les gens qui
lisent les premiers sont plus nombreux
que ceux qui les achètent ; et les gens
qui achètent les seconds sont plus nombreux que ceux qui les lisent. »

II

Voici une série de pensées détachées
d'écrivains anglais, toutes en l'honneur
des livres :

« Les livres, disait, au commencement
du xviie siècle, sir Thomas Overbury,
nous rendent présent le temps déjà vécu.
La gloire prolonge une des extrémités
de notre vie, et les livres en reportent
l'autre plus loin en arrière. »

Or, comme le remarque fort justement le grand savant philologue E. Littré, « un penchant naturel conduit l'homme à la contemplation du passé. Les vieux monuments, les vieux livres, les vieux souvenirs éveillent en lui un intérêt profond. »

« A l'exception de l'homme vivant, rien n'est plus merveilleux qu'un livre ! a écrit notre contemporain Kingsley. C'est un message qui nous arrive des morts, d'êtres humains que nous ne vîmes jamais, qui vécurent peut-être à des milliers de lieues de nous et qui pourtant, dans ces petites feuilles de papier, nous parlent, nous amusent, nous terrifient, nous instruisent, nous réconfortent, nous ouvrent leur cœur comme à des frères. »

J'ai lu dans un vieux numéro du journal si pittoresquement appelé *The Bookworm* un mot suggestif : « Tout grand livre est un acte et tout grand acte est un livre. »

Le professeur Rogers avait donné d'avance le commentaire de cette laconique et héroïque formule. « Entre les diverses influences extérieures au milieu desquelles le genre humain se développe, le livre est incomparablement la plus importante, et la seule qui soit absolument essentielle. C'est sur lui que repose l'éducation collective du genre humain. C'est le seul instrument qui enregistre, perpétue et transmette la pensée. » Ajoutons : — et les actions dignes de mémoire.

III

Cette influence du livre, incalculable et comme illimitée dans l'histoire du genre humain, se traduit de la façon la plus diverse chez les individus. « J'ai connu des femmes, dit le journal d'Addison, *the Spectator* (31 mai 1710), qui, pourvu qu'elles passent matin et soir une heure dans leur cabinet à lire une prière dans six ou sept différents livres de dévotion, tous également dépourvus de bon sens, avec une sorte.de chaleur qu'un verre de vin ou un peu de jus de citron pourraient aussi bien produire, pensent que, le reste du temps, elles peu-

vent aller partout où leur passion per-
sonnelle les conduit. »

« C'est par l'amour des lettres qu'il
faut être conduit à l'amour des livres »,
déclare sévèrement Sylvestre de Sacy.
Mais la marche inverse n'est pas rare, et
le résultat peut être excellent dans les
deux cas.

En effet, le plus souvent, les livres inspirent une noble émulation, et, s'il est
vrai que *fit fabricando faber*, il l'est
aussi qu'au milieu des bouquins on se
sent un penchant naturel à se faire auteur. Le père du fameux homme d'Etat
anglais qui, sous le nom de lord Bea-
consfiel, a fait entrer Israël à la Chambre
des pairs du Royaume-Uni, Isaac Dis-
raeli, n'admet pas qu'on ne ressente pas
cette sollicitation, et méprise qui n'y
cède point, manière commode de s'en
estimer soi-même davantage. « Celui,
dit-il, qui passe une grande partie de son
temps au milieu des abondantes ressources d'une bibliothèque et qui n'aspire pas à y ajouter encore un peu, ne
serait-ce qu'un catalogue raisonné, doit
vraiment être aussi insensible qu'un morceau de plomb. Il faut qu'il soit indolent

comme l'animal appelé Paresseux, lequel
périt sur l'arbre où il a grimpé, après
qu'il en a dévoré les feuilles. »

Le sentimental et le primesautier s'en
rapportent à l'apparence. De là cette
pensée du *Bookworm* (mai 1888) : « Les
titres des livres ont, comme les visages
des hommes, une physionomie qui per-
met à l'observateur sagace de savoir ce
qu'il peut attendre des uns ou des autres. »

Il en est qui demandent aux livres la
consécration du temps, le *consensus his-
toriæ*. « Les livres sont comme les proverbes, dit sir William Temple. Ils ti-
rent leur principale valeur de l'empreinte
et de l'estime des siècles qu'ils ont traver-
sés. »

Un écrivain espagnol, Alonzo d'Ara-
gon, donne à la même pensée une allure
plus familière et un vêtement plus pittoresque : « Le vieux bois, dit-il, est le
meilleur à brûler ; le vieux vin le meilleur
à boire ; les vieux amis, les meilleurs à qui
se confier, et les vieux livres les meilleurs à lire. »

Le grand Bacon était de cet avis, et il
en donne la raison en l'enveloppant

d'une belle métaphore biblique : « Un livre bien écrit, mis auprès de ses rivaux et de ses adversaires, est comme le serpent de Moïse, qui engloutit et dévora sur-le-champ ceux des Égyptiens. »

Le même William Temple disait encore : « Les petits écrits sont comme les champignons ou comme ces insectes qui naissent et meurent presque en même temps. »

D'autres considèrent que l'héritage intellectuel allant s'accroissant, il y a des chances pour que les ouvrages récents soient, sinon mieux faits, du moins mieux informés et plus directement utiles que les anciens. C'est pour eux que parlait le Père Bouhours : « En matière de livres, le droit d'aînesse ne porte pas de prérogatives : les cadets sont toujours les mieux partagés. »

Le sentiment que les livres inspirent à beaucoup est si véritablement de l'amour qu'on les compare à chaque instant aux femmes ; et ce qui plaît dans celles-ci est justement ce qu'on recherche dans ceux-là. « Il en est, dit Hume, des livres commes des femmes, chez qui une certaine simplicité de manières et de toilette est plus engageante que l'éclat du fard, des grands airs et des atours, lequel peut bien éblouir les yeux, mais ne saurait toucher le cœur. »

Préférez-vous — comme c'est votre droit — les riches toilettes, l'apprêt et l'apparat, retournez la proposition et l'interversion des termes n'en altérera pas la vérité.

« Armes, femmes et livres, déclare un proverbe hollandais, il faut les regarder tous les jours. »

Pour les curieux, « il est des livres qu'on n'ose rechercher et qu'on ne lit que lorsqu'ils ont été défendus ; comme si la malignité qu'on y suppose était le point de perfection, et que la flétrissure qu'ils ont reçue en fût le sceau. » Ainsi s'exprimait, il y a près de deux siècles, L.-C. d'Arc, écrivain peu connu, mais apparemment plein d'expérience et de bon sens, car, pour parler comme le poète,

Un livre qu'on soutient est un livre qui tombe.

Vers tellement vrai qu'il suffit que le bourreau brûle un livre, que la Congrégation le mette à l'index, qu'un tribunal le condamne avec son auteur, que l'autorité cherche à l'abattre, en un mot, pour qu'il devienne populaire et soit immortel.

Tout le monde sait — n'est-ce pas un thème inépuisable de plaisanteries faciles? — que certains possesseurs de bibliothèques n'en ouvrent jamais un volume et n'y entrent que pour faire admirer à leurs visiteurs la belle ordonnance des rayons et les dos alignés des reliures. La Bruyère appelait ces nécropoles des *tanneries*. Le mot ne prouve pas une compréhension bien vive de l'art bibliopégique, et l'on peut mépriser l'ignare incuriosité de tels entasseurs de livres sans manquer de respect à des veaux pleins et à des maroquins dorés qui n'en peuvent mais. En tout cas, ce n'est point pour ceux-là qu'un anonyme émettait ce sage aphorisme : « Un livre doit être placé dans une bibliothèque de manière à n'être jamais cherché, mais tout simplement pris. »

Pourquoi cela me rappelle-t-il le mot de Carlyle : « La vraie Université de notre temps, c'est une collection de livres » ?

Ils ont pourtant leur utilité, ces con-
trefaçons de bibliophiles, ne serait-ce
que d'avoir fourni une image à Chamfort : « L'esprit n'est souvent au cœur
que ce que la bibliothèque d'un château
est à la personne du maître. »

Le poète anglais Pope adresse sa critique plus haut, mais elle frappe moins
juste, lorsqu'il dit : « Acheter des livres
comme le font certaines personnes qui
ne s'en servent pas, seulement parce
qu'ils ont été imprimés par un imprimeur
célèbre, c'est à peu près comme si quelqu'un achetait des habits qui lui iraient
mal, simplement parce qu'ils auraient
été faits par quelque tailleur fameux. »

Il me semble que les collectionneurs
de médailles, de pierres gravées, d'armes, d'estampes et de tableaux, sans
parler des autres, ne se servent pas plus
de leurs œuvres d'art et de leurs reliques
historiques qu'un bibliophile de ses in-
cunables et des exemplaires uniques qu'il
a dépensé tant de temps, de peine et
d'argent à réunir, c'est-à-dire, le plus
souvent, à sauver. Laissant de côté le
plaisir foncièrement humain de posséder
de belles choses, des choses curieuses,

des choses rares et chères, est-il donc
inutile de travailler à assurer la conser-
vation des productions, remarquables à
un point de vue quelconque, de l'activité
humaine dans tous les ordres de ses manifestations, et, plus qu'ailleurs encore,
dans le domaine de l'art typographique,
dont un autre Anglais, William Chap-
man, a pu dire en toute vérité : « L'histoire du livre est l'histoire de la croissance
intellectuelle du genre humain. »

Victor Hugo a moulé une pensée analogue en un de ces vers d'une plasticité
puissante dont il était coutumier :

[lisent.
L'univers — c'est un livre et des yeux qui le

Le rôle du livre dans la politique est
énorme et de tous les instants. Une anecdote rapportée par Chamfort nous le
montre pourtant sous un jour inattendu.
« M. Amelot, homme excessivement bor-
né, disait à M. Bignon : « Achetez beau-
« coup de livres pour la bibliothèque du
« roi, que nous ruinions ce Necker. » Il
croyait que trente ou quarante mille
francs de plus feraient une grande affaire. »

Le même Chamfort, pessimiste avant

la lettre, comme la plupart des moralistes qui ne relèvent ni de Montaigne ni
de Rabelais, a écrit cette phrase, que je
recommande aux procureurs en quête
d'arguments pour faire condamner un
ouvrage imprimé, comme immoral ou
subversif. « Ce serait une chose curieuse
qu'un livre qui indiquerait toutes les
idées corruptrices de l'esprit humain, de
la Société, de la morale, et qui se trouvent développées ou supposées dans les
écrits les plus célèbres, dans les auteurs
les plus consacrés; les idées qui propagent
la superstition religieuse, les mauvaises
maximes politiques, le despotisme, la
vanité de rang, les préjugés populaires
de toute espèce. On verrait que presque
tous les livres sont des corrupteurs, que
les meilleurs font presque autant de mal
que de bien. »

Je ne sais quelle pouvait être au juste
sur ce point l'opinion des deux person-
nages mis en jeu dans l'anecdote suivante,
dont j'ai oublié la source, mais où l'on
trouvera, je n'en doute pas, tous les
caractères de l'authencité.

Une dame dont le mari était toujours
absorbé dans les livres, lui dit un jour

avec une amabilité relevée d'une pointe de dépit : « Je voudrais bien être livre, puisque vous les aimez tant ! » Un ami, qui se trouvait là, entendit ce souhait conjugal, et dans un mouvement de franchise étourdie, s'écria : « Ah ! si les femmes devenaient des livres, je souhaiterais qu'elles fussent almanachs, car on en change tous les ans.

IV

Différents livres intéressent différentes personnes, et tout en aimant le livre en général, le bibliophile n'en a pas moins d'ordinaire ses préférences passionnées, capables de se changer en un exclusivisme ombrageux. Qui distinguera les bons livres d'avec les mauvais, ceux qu'il faut garder avec amour de ceux qu'il faut laisser chercher leurs destins dans le grand cloaque de la salle des ventes ou du bouquinisme en plein vent?

Chacun résout la question à son point de vue et offre libéralement au goût des autres de s'imposer les règles que le sien a choisies.

2.

D'ailleurs, il ne s'agit pas tant de lire
tout que de lire bien : « Ceux qui man-
gent le plus ne sont pas les plus gras,
disait Montaigne ; ceux qui lisent le plus
ne sont pas les plus sçavans, ils succom-
bent sous la multitude des idées et res-
semble à nos anciens Gaulois qui, pour
être pesemment armez, devenoient inu-
tiles au combat. »

V

Qu'ils les lisent tous ou qu'ils n'en
lisent que quelques-uns, qu'ils les dévo-
rent sans désemparer avant de les placer
sur leurs rayons, ou qu'ils les savourent
à petites doses dans un commerce amical,
souvent interrompu et toujours repris,
ceux qui aiment « leurs honnêtes in-folio »
valent mieux, comme l'affirme le poète
anglais Richard Le Gallienne, que bien
des amants aux passions changeantes,
tour à tour trompeurs et trompés. Oyez
plutôt cette ballade tirée d'un recueil de
poésies tout entier consacré aux livres (1)
et traduite ici sans autre prétention que

(1) Alfred C. Brant. *Ballads of Books.*

de donner un peu l'impression qui se
dégage de l'original.

LE BIBLIOPHILE

[vermeilles,
L'amant peut raffoller de sa belle aux joues
    le marin peut chanter la mer [bouteille :
et les buveurs parler des charmes de la
les livres ont plus de beauté pour moi.

Un livre est un trésor plus précieux que l'or,
    un héritage légué au genre humain,
une cassette de sagesse où se voient
les plus princiers joyaux de l'esprit.

[soucis moroses,
Bien qu'humble soit mon sort, je défie les
    ayant les livres pour doux alliés.
folie et vice fuiront ma présence,
si ma pensée va aux bons et aux sages.

. . . .

[feu,
Quand je m'assieds, à l'aise, au coin de mon
    un vieux livre fameux sur les genoux,
l'amant en tête à tête avec sa belle fiancée
ne m'inspirerait qu'une mince envie.

[cœur se sent en paix ;
Je m'égare dans le monde des livres et mon
[à moi ;
les beaux royaumes de la fantaisie sont
[mon foyer,
l'esprit sacré de l'amour se repose alors à
[Divin !
et le livre que je lis est vraiment le Livre

VI

Si les livres ont un tel attrait, comment s'étonner qu'on soit si porté à les emprunter et à les garder ?

« Il n'y a rien que l'on rende moins fidèlement que les livres. L'on s'en met en possession par la même raison que l'on dérobe volontiers la science des hommes, desquels on ne voudrait pas dérober l'argent. »

Qui a dit cela ? Je ne sais plus, mais quel que soit son nom, c'était un sage.

Charles Lamb établit des classes et des catégories parmi les emprunteurs de livres. D'après lui, « les uns sont longs à lire ; les autres ont l'intention de lire, mais ne lisent pas ; d'autres enfin ne lisent pas et n'ont jamais eu l'intention de le faire, ne vous empruntant que pour vous donner une bonne opinion de leur mérite intellectuel ». Il ajoute : « Je dois rendre cette justice à ceux de mes amis à qui je prête de l'argent, qu'ils ne sont jamais mus par un caprice ou une vanité de ce genre. Quand ils m'empruntent une somme, ils ne manquent jamais de s'en servir. »

Il est à croire que le résultat final était pour l'excellent Charles Lamb le même dans les deux cas, et qu'en fait de livres comme en fait d'argent, *prêté* se trouvait être, le plus souvent, synonyme de *perdu.*

En effet, peu nombreux sont les posses- seurs de livres qui partagent entièrement l'avis de l'Encyclopédiste D'Alembert, l'ami de Mlle de Lespinasse, déclare que « l'amour des livres n'est estimable que dans deux cas : lorsqu'on sait les estimer ce qu'ils valent et... qu'on les possède pour les communiquer. »

Communiquer des livres ! Rien de plus généreux et rien de plus utile assu- rément. Mais les bibliophiles y sont généralement peu enclins. Je me dispen- serai de répéter à ce sujet des citations qui sont dans toutes les mémoires ; je m'en tiendrai à quelques autres moins connues parce qu'elles viennent de l'étranger.

Je trouve, dans une petite revue litté- raire allemande (1), la description enthou-

(1) Litterarische Korrespondanz und Kritische Rundschau.

siaste des saintes blessures et des nobles
laideurs du livre dont la destination est
d'être prêté. Le morceau est assez
curieux pour que je me hasarde à le citer
tout au long.

Le Livre de la Bibliothèque de Prêts

Celui-là que je tiens ici dans mes mains,
ce livre tout cassé, ce bouquin
atrocement barbouillé de crayon et d'encre,
richement orné de coins en oreilles d'âne,
taché de café, de thé, de bière,
souillé par les mouches, la graisse et l'huile,
auquel, comme vestiges de ses vagabondages,
milles mauvaises odeurs s'attachent, —
ce livre en lambeaux, tout déformé,
l'univers entier le lit !
La cuisinière le lit près de l'âtre
avec un air de plaisir ému,
et le sang bout dans son sein gonflé
où se joue mollement le souffle des Muses.
Quand la cuisinière en a fini tout à fait,
le jouvenceau de seconde le lit
en le froissaut à moitié sous la table ;
puis c'est le soldat au corps de garde,
le commis près de son aune,
et le condamné dans sa cellule,
et le vieux garçon dans son lit,
et l'hôpital tout entier...
Enfin, la plus belle de toutes les dames,
portant le nom le plus éclatant,
prend cette chose tellement fanée

et empuantie de toutes les puanteurs
dans sa tendre et blanche main.
Arrachée par le talent du poète,
dans un doux accord avec le beau,
une larme lentement s'écoule
et tendrement fait sa part dans l'œuvre com-
nul lecteur qui n'y laisse une tache!   [mune :
O pensée grandiose et puissante !
O résultat merveilleux !
Qu'il est béni des dieux le poète
qui possède un si noble talent !
Grands et Petits, Pauvres et Riches,
cette crasse est l'œuvre de tous !
Ah ! celui qui vit encore dans l'osbcurité,
qui lutte pour se hausser jusqu'au laurier,
assurément sent, dans sa brûlante ardeur,
un désir lui tirailler le sein.
Dieu bon, implore-t-il chaque jour,
Accorde-moi ce bonheur indicible :
fais que mes pauvres livres de vers
soient aussi gras et crasseux !

Mais si les poètes aspirent aux em-
brassements « de la grande impudique

Qui tient dans ses bras l'univers,

s'ils sont tellement avides du bruit qu'ils
ouvrent leur escarcelle toute grande à
la popularité, cette « gloire en gros sous »,
il n'en est point de même des vrais
amants des livres, de ceux qui ne les font
pas, mais qui les achètent, les parent,

les enchâssent, en délectent leurs doigts, leurs yeux, et parfois leur esprit.

Ecoutez la tirade mise par un poète anglais dans la bouche d'un bibliophile qui a prêté à un infidèle ami une reliure de Trautz-Bauzonnet et qui ne l'a jamais revue :

Une fois prêté, un livre est perdu...   [plus.
Prêter des livres ! Parbleu, je n'y consentirai
                              [je redoute.
Vos prêteurs faciles ne sont que des fous que
                    [Grolier, qu'ils les achètent !
Si les gens veulent des livres, par le grand
                         [se dispenser du prêt ?
Qui est-ce qui prête sa femme lorsqu'il peut
                    [plus que nos livres chères ?
Nos femmes seront-elles donc tenues pour
                         [livres ne prêterai.
Nous en préserve de Thou ! Jamais plus de

Ne dirait-on pas que c'est pour ce bibliophile échaudé que fut faite cette imitation supérieurement réussie des inscriptions dont les écoliers sont prodigues sur leurs rudiments et *Selectæ* :

Qui ce livre volera,
  Pro suis criminibus
Au gibet il dansera,
  Pedibus penditibus.

Ce châtiment n'eût pas dépassé les mérites de celui contre lequel Lebrun fit son épigramme « à un Abbé qui aimait les lettres et un peu trop mes livres » :

Non, tu n'es point de ces abbés ignares,
Qui n'ont jamais rien lu que le Missel :
Des bons écrits tu savoures le sel,
Et te connais en livres beaux et rares.
Trop bien le sais ! car, lorsqu'à pas de loup
Tu viens chez moi feuilleter coup sur coup
Mes Elzévirs, ils craignent ton approche.
Dans ta mémoire il en reste beaucoup ;
Beaucoup aussi te restent dans la poche.

Un amateur de livres de nuance libérale pourrait adopter pour devise cette inscription mise à l'entrée d'une bibliothèque populaire anglaise :

Tolle, aperi, recita, ne lœdas, claude, rapine!

ce qui, traduit librement, signifie : « Prends, ouvre, lis, n'abîme pas, referme, mais surtout mets en place ! »

Punch, le *Charivari* d'Outre-Manche, en même temps qu'il incarne pour les Anglais notre Polichinelle et le *Pulcinello* des Italiens, résume à merveille la question. Voici, dit-il, « la tenue des

3

livres enseignée en une leçon : — Ne les
prêtez pas. »

VII

C'est qu'ils sont précieux, non pas tant
par leur valeur intrinsèque, — bien que
certains d'entre eux représentent plus
que leur poids d'or, — que parce qu'on
les aime, d'amour complexe peut-être,
mais à coup sûr d'amour vrai.

« Accordez-moi, seigneur, disait un
ancien (c'est Jules Janin qui rapporte ces
paroles), une maison pleine de livres, un
jardin plein de fleurs ! — Voulez-vous,
disait-il encore, un abrégé de toutes les
misères humaines, regardez un malheureux qui vend ses livres : *Bibliothecam
vendat*. »

Si le malheureux vend ses livres parce
qu'il y est contraint, non pas par un
caprice, une toquade de spéculation, une
saute de goût, passant de la bibliophilie à
l'iconophilie ou à la faïençomanie ou à
tout autre dada frais éclos dans sa cervelle,
ou encore sous le coup d'une passionnette
irrésistible dont quelques mois auront

bientôt usé l'éternité, comme il advint à
Asselineau qui se défit de sa bibliothèque
pour suivre une femme et qui peu après
se défit de la femme pour se refaire une
bibliotèque, si c'est, dis-je, par misère
pure, il faut qu'il soit bien marqué par
le destin et qu'il ait de triples galons
dans l'armée des Pas-de-Chance, car les
livres aiment ceux qui les aiment et, le
plus souvent leur portent bonheur. Té-
moin, pour n'en citer qu'un, Grotius,
qui s'échappa de prison en se mettant
dans un coffre à livres, lequel faisait la
navette entre sa maison et sa geôle, ap-
portant et remportant les volumes qu'il
avait obtenu de faire venir de la fameuse
bibliothèque formée à grands frais et
avec tant de soins, pour lui « et ses
amis ».

Richard de Bury, évêque de Durham
et chancelier d'Angleterre, qui vivait au
XIVᵉ siècle, rapporte, dans son *Philobiblon*, des vers latins de John Salisbury,
dont voici le sens :

                          [manier les livres,
Nul main que le fer a touchée n'est propre à
                                 [de joie ;
ni celui dont le cœur regarde l'or avec trop

[livres et l'argent,
les mêmes hommes n'aiment pas à la fois les
[du dégoût;
et ton troupeau, ô Epicure, a pour les livres
[de compagnie,
les avares et les amis des livre ne vont guère
[en paix sous le même toit.
et ne demeurent point, tu peux m'en croire,

« Personne donc, en conclut un peu vite le bon Richard de Bury, ne peut servir en même temps les livres et Mammon ».

Il reprend ailleurs : « Ceux qui sont férus de l'amour des livres font bon marché du monde et des richesses ».

Les temps sont quelque peu changés ; il est en notre vingtième siècle des amateurs dont on ne saurait dire s'ils estiment des livres précieux pour en faire un jour une vente profitable, ou s'ils dépensent de l'argent à accroître leur bibliothèque pour la seule satisfaction de leurs goûts de collectionneur et de lettré.

Toujours est-il que le *Philobiblon* n'est qu'un long dithyrambe en prose, naïf et convaincu, sur les livres et les joies qu'ils procurent. J'y prends au hasard quelques phrases caractéristiques,

qui, enfouies dans ce vieux livre peu
connu en France, n'ont pas encore eu le
temps de devenir banales parmi nous.

« Les livres nous charment lorsque la
prospérité nous sourit ; ils nous réconfortent comme des amis inséparables
lorsque la fortune orageuse fronce le
sourcil sur nous. »

Voilà une pensée qui a été exprimée
bien des fois et que nous retrouverons
encore ; mais n'a-t-elle pas un tour original qui lui donne je ne sais quel air
imprévu de nouveauté ?

Le chapitre XV de l'ouvrage traite des
« avantages de l'amour des livres. » On
y lit ceci :

« Il passe le pouvoir de l'intelligence
humaine, quelque largement qu'elle ait
pu boire à la fontaine de Pégase, de déve-
lopper pleinement le titre du présent
chapitre. Quand on parlerait avec la
langue des hommes et des anges, quand
on serait devenu un Mercure, un Tul-
lius ou un Cicéron, quand on aurait
acquis la douceur de l'éloquence lactée
de Tive-Live, on aurait encore à s'ex-
cuser de bégayer comme Moïse, ou à
confesser avec Jérémie qu'on n'est qu'un

enfant et qu'on ne sait point parler. »

Après ce début, qui s'étonnera que Richard de Bury fasse un devoir à tous les honnêtes gens d'acheter des livres et de les aimer. « Il n'est point de prix élevé qui doive empêcher quelqu'un d'acheter des livres s'il a l'argent qu'on en demande, à moins que ce ne soit pour résister aux artifices du vendeur ou pour attendre une plus favorable occasion d'achat... Qu'on doive acheter les livres avec joie et les vendre à regret, c'est à quoi Salomon, le soleil de l'humanité, nous exhorte dans les Proverbes : « Achète « la vérité, dit-il, et ne vends pas la sa- « gesse. »

On ne s'attendait guère, j'imagine, à voir Salomon dans cette affaire. Et pourtant quoi de plus naturel que d'en appeler à l'auteur de la Sagesse en une question qui intéresse tous les sages ?

« Une bibliothèque prudemment composée est plus précieuse que toutes les richesses, et nulle des choses qui sont désirables ne sauraient lui être comparée. Quiconque donc se pique d'être zélé pour la vérité, le bonheur, la sagesse ou la science, et même pour la foi, doit nécessairement devenir un ami des livres. »

En effet, ajoute-t-il, en un élan croissant d'enthousiasme, « les livres sont des maîtres qui nous instruisent sans verges ni férules, sans paroles irritées, sans qu'il faille leur donner ni habits, ni argent. Si vous venez à eux, ils ne dorment point ; si vous questionnez et vous enquérez auprès d'eux, ils ne se récusent point; ils ne grondent point si vous faites des fautes ; ils ne se moquent point de vous si vous êtes ignorant. O livres, seuls êtres libéraux et libres, qui donnez à tous ceux qui vous demandent, et affranchissez tous ceux qui vous servent fidèlement ! »

C'est pourquoi « les Princes, les prélats, les juges, les docteurs, et tous les autres dirigeants de l'Etat, d'autant qu'ils ont plus que les autres besoin de sagesse, doivent plus que les autres montrer du zèle pour ces vases où la sagesse est contenue. »

Tel était l'avis du grand homme d'Etat Gladstone, qui acheta plus de trente cinq mille volumes au cours de sa longue vie. « Un collectionneur de livres, di-

sait-il, dans une lettre adressée au fameux libraire londonien Quaritch (9 sep-
tembre 1896), doit, suivant l'idée que je
m'en fais, posséder les six qualités suivantes : appétit, loisir, fortune, science,
discernement et persévérance. » Et plus
loin : « Collectionner des livres peut
avoir ses ridicules et ses excentricités.
Mais, en somme, c'est un élément revi-
vifiant dans une société criblée de tant
de sources de corruption. »

VIII

Cependant les livres, jusque dans la
maison du bibliophile, ont un impla-
cable ennemi : c'est la femme. Je les
entends se plaindre du traitement que
la maîtresse du logis, dès qu'elle en a
l'occasion, leur fait subir :

« La femme, toujours jalouse de l'a-
mour qu'on nous porte, est impossible
à jamais apaiser. Si elle nous aperçoit
dans quelque coin, sans autre protec-
tion que la toile d'une araignée morte,
elle nous insulte et nous ravale, le sour-

cil froncé, la parole amère, affirmant
que, de tout le mobilier de la maison,
nous seuls ne sommes pas nécessaires ;
elle se plaint que nous ne soyons utiles
à rien dans le ménage, et elle conseille
de nous convertir promptement en riches coiffures, en soie, en pourpre deux
fois teinte, en robes et en fourrures, en
laine et en toile. A dire vrai sa haine ne
serait pas sans motifs si elle pouvait voir
le fond de nos cœurs, si elle avait écouté
nos secrets conseils, si elle avait lu le
livre de Théophraste ou celui de Vale-
rius, si seulement elle avait écouté le
XXVe chapitre de l'Ecclésiaste avec des
oreilles intelligentes. » (Richard de Bury.)

M. Octave Uzanne rappelle, dans les
Zigs-Zags d'un Curieux, un mot du bibliophile Jacob, frappé en manière de
proverbe et qui est bien en situation ici :

Amours de femme et de bouquin,
Ne se chantent pas au même lutrin.

Et il ajoute fort à propos : « La passion bouquinière n'admet pas de partage ;
c'est un peu, il faut le dire, une passion
de retraite, un refuge extrême à cette
heure de la vie où l'homme, déséquilibré

par les cahots de l'existence mondaine,
s'écrie, à l'exemple de Thomas Moore :
Je n'avais jusqu'ici pour lire que les re-
gards des femmes, et c'est la folie qu'ils
m'ont enseignée ! »

Cette incapacité des femmes, sauf de
rares exceptions, à goûter les joies du
bibliophile, a été souvent remarquée.
Une d'elles — et c'est ce qui rend la ci-
tation piquante — Mme Emile de Girar-
din, écrivait dans la chronique qu'elle
signait à la *Presse* du pseudonyme de
Vicomte de Launay :

« Voyez ce beau salon d'étude, ce
boudoir charmant ; admirez-le dans ses
détails, vous y trouverez tout ce qui
peut séduire, tout ce que vous pouvez
désirer, excepté deux choses pourtant :
un beau livre et un joli tableau. Il n'y
a peut-être pas dix femmes à Paris chez
lesquelles ces deux raretés puissent être
admirées. »

C'est dans le même ordre d'idées que
l'américain Hawthorne, le fils de l'auteur du *Faune de Marbre* et de tant
d'autres ouvrages où une sereine philo-
phie se pare des agréments de la fiction,
a écrit ces lignes curieuses :

« Cœlebs, grand amateur de bouquins, se rase devant son miroir, et monologue sur la femme qui, d'après son expérience, jeune ou vieille, laide ou belle, est toujours le diable. » Et Cœlebs finit en se donnant à lui-même ces conseils judicieux : « Donc, épouse tes livres ! Il ne recherche point d'autre maîtresse, l'homme sage qui regarde, non la surface, mais le fond des choses. Les livres ne *flirtent* ni ne feignent ; ne boudent ni ne taquinent ; ils ne se plaignent pas, ils disent les choses, mais ils s'abstiennent de vous les demander.

» Que les livres soient ton harem, et toi leur Grand Turc. De rayon en rayon, ils attendent tes faveurs, silencieux et soumis ! Jamais la jalousie ne les agite. Je n'ai nulle part rencontré Vénus, et j'accorde qu'elle est belle ; toujours est-il qu'elle n'est pas de beaucoup si accommodante qu'eux. »

IX

Comment n'aimerait-on pas les livres ? Il en est pour tous les goûts, ainsi qu'un auteur du *Chansonnier des Grâces* le

fait chanter à un libraire vaudevilles-
que (1820) :

> Venez, lecteurs, chez un libraire
> De vous servir toujours jaloux ;
> Vos besoins ainsi que vos goûts
> Chez moi pourront se satisfaire.
> J'offre la *Grammaire* aux auteurs,
> Des *Vers* à nos jeunes poëtes ;
> L'*Esprit des lois* aux procureurs,
> L'*Essai sur l'homme* à nos coquettes...

> Aux plus célèbres gastronomes
> Je donne *Racine* et *Boileau !*
> *La Harpe* aux chanteurs de caveau,
> *Les Nuits d'Young* aux astronomes ;
> J'ai *Descartes* pour les joueurs,
> *Voiture* pour toutes les belles,
> *Lucrèce* pour les amateurs,
> *Martial* pour les demoiselles.

> Pour le plaideur et l'adversaire
> J'aurai *l'avocat Patelin ;*
> Le malade et le médecin
> Chez moi consulteront *Molière :*
> Pour un sexe trop confiant
> Je garde le *Berger fidèle ;*
> Et pour le malheureux amant
> Je réserverai la *Pucelle.*

Armand Gouffé était d'un autre avis
lorsqu'il fredonnait :

> Un sot avec cent mille francs
> Peut se passer de livres.

Mais les sots très riches ont généralement juste assez d'esprit pour retrancher
et masquer leur sottise derrière l'apparat
imposant d'une grande bibliothèque, où
les bons livres consacrés par le temps et
le jugement universel se partagent les
rayons avec les ouvrages à la mode. Car
si, comme le dit le proverbe allemand,
« l'âne n'est pas savant parce qu'il est
chargé de livres », il est des cas où
l'amas des livres peut cacher un moment
la nature de l'animal.

C'est en pensant aux amateurs de cet
acabit que Chamfort a formulé cette
maxime : « L'espoir n'est souvent au
cœur que ce que la bibliothèque d'un
château est à la personne du maître. »

Lilly, le fameux auteur d'*Euphues*,
disait : « Aie ton cabinet plein de livres
plutôt que ta bourse pleine d'argent ».
Le malheur est que remplir l'un a vite
fait de vider l'autre, si les sources dont
celle-ci s'alimente ne sont pas d'une
abondance continue.

L'historien Gibbon allait plus loin lorsqu'il déclarait qu'il n'échangerait pas le
goût de la lecture contre tous les trésors
de l'Inde. De même Macaulay, qui aurait

4

mieux aimé être un pauvre homme avec
des livres qu'un grand roi sans livres.

Bien avant eux, Claudius Clément,
dans son traité latin des bibliothèques,
tant privées que publiques, émettait, avec
des restrictions de sage morale, une idée
semblable : « Il y a peu de dépenses, de
profusions, je dirais même de prodiga-
lités plus louables que celles qu'on fait
pour les livres, lorsqu'en eux on cherche
un refuge, la volupté de l'âme, l'honneur, la pureté des mœurs, la doctrine
et un renom immortel. »

« L'or, écrivait Pétrarque à son frère
Gérard, l'argent, les pierres précieuses,
les vêtements de pourpre, les domaines,
les tableaux, les chevaux, toutes les autres choses de ce genre offrent un plaisir
changeant et de surface : les livres nous
réjouissent jusqu'aux moëlles. »

C'est encore Pétrarque qui traçait ce
tableau ingénieux et charmant :

« J'ai des amis dont la société m'est
extrêmement agréable; ils sont de tous
les âges et de tous les pays. Ils se sont
distingués dans les conseils et sur les
champs de bataille, et ont obtenu de
grands honneurs par leur connaissance

des sciences. Il est facile de trouver accès
près d'eux ; en effet ils sont toujours à
mon service, je les admets dans ma
société ou les congédie quand il me plaît.
Ils ne sont jamais importuns, et ils répon-
dent aussitôt à toutes les questions que
je leur pose. Les uns me racontent les
événements des siècles passés, les autres
me révèlent les secrets de la nature. Il
en est qui m'apprennent à vivre, d'autres
à mourir. Certains, par leur vivacité,
chassent mes soucis et répandent en moi
la gaieté : d'autres donnent du courage à
mon âme, m'enseignant la science si
importante de contenir ses désirs et de
ne compter absolument que sur soi.
Bref, ils m'ouvrent les différentes ave-
nues de tous les arts et de toutes les
sciences, et je peux, sans risque, me fier
à eux en toute occasion. En retour de
leurs services, ils ne me demandent que
de leur fournir une chambre commode
dans quelque coin de mon humble demeure, où ils puissent reposer en
paix, car ces amis-là trouvent plus de
charmes à la tranquilité de la retraite
qu'au tumulte de la société. »

Il faut comparer ce morceau au pas-

sage où notre Montaigne, après avoir
parlé du commerce des hommes et de
l'amour des femmes, dont il dit : « l'un
est ennuyeux par sa rareté, l'aultre se
flestrit par l'usage », déclare que celui
des livres « est bien plus seur et plus à
nous ; il cède aux premiers les aultres
advantages, mais il a pour sa part la
constance et facilité de son service... Il
me console en la vieillesse et en la solitude ; il me descharge du poids d'une
oysiveté ennuyeuse et me desfaict à toute
heure des compagnies qui me faschent ;
il esmousse les poinctures de la douleur,
si elle n'est du tout extrême et mais-
tresse. Pour me distraire d'une imagina-
tion importune, il n'est que de recourir
aux livres...

« Le fruict que je tire des livres... j'en
jouïs, comme les avaricieux des trésors,
pour sçavoir que j'en jouïray quand il me
plaira : mon âme se rassasie et contente
de ce droit de possession... Il ne se peult
dire combien je me repose et séjourne en
ceste considération qu'ils sont à mon
côté pour me donner du plaisir à mon
heure, et à recognoistre combien ils
portent de secours à ma vie. C'est la

meilleure munition que j'aye trouvé à cest humain voyage; et plainds extrêmement les hommes d'entendement qui l'ont à dire. »

Sur ce thème, les variations sont infinies et rivalisent d'éclat et d'ampleur.

Le roi d'Egypte Osymandias, dont la mémoire inspira à Shelley un sonnet si beau, avait inscrit au-dessus de sa « librairie » :

Pharmacie de l'âme.

« Une chambre sans livres est un corps sans âme », disait Cicéron.

« La poussière des bibliothèques est une poussière féconde », renchérit Werdet.

« Les livres ont toujours été la passion des honnêtes gens », affirme Ménage.

Sir John Herschel était sûrement de ces honnêtes gens dont parle le bel esprit érudit du XVIIe siècle, car il fait cette déclaration, que Gibbon eût signée :

« Si j'avais à demander un goût qui pût me conserver ferme au milieu des circonstances les plus diverses et être pour moi une source de bonheur et de

4.

gaieté à travers la vie et un bouclier
contre ses maux, quelque adverses que
pussent être les circonstances et de quelques rigueurs que le monde pût m'ac-
cabler, je demanderais le goût de la lecture. »

« Autant vaut tuer un homme que
détruire un bon livre », s'écrie Milton;
et ailleurs, en un latin superbe que je
renonce à traduire :

Et totum rapiunt me, mea vita, libri.

« Pourquoi, demandait Louis XIV au
maréchal de Vivonne, passez-vous autant de temps avec vos livres ? — Sire,
c'est pour qu'ils donnent à mon esprit le
coloris, la fraîcheur et la vie que donnent
à mes joues les excellentes perdrix de
Votre Majesté. »

Voilà une aimable réponse de com-
mensal et de courtisan. Mais combien
d'enthousiastes se sentiraient choqués
de cet épicuréisme flatteur et léger ! Ce
n'est pas le poète anglais John Florio,
qui écrivait au commencement du même
siècle, dont on eût pu attendre une ex-
plication aussi souriante et dégagée. Il

le prend plutôt au tragique, quand il s'écrie :

« Quels pauvres souvenirs sont statues, tombes et autres monuments que les hommes érigent aux princes, et qui restent en des lieux fermés où quelques-uns à peine les voient, en comparaison des livres, qui aux yeux du monde entier montrent comment ces princes vécurent, tandis que les autres monuments montrent où ils gisent ! »

C'est à dessein, je le répète, que j'accumule les citations d'auteurs étrangers. Non seulement, elles ont moins de chances d'être connues, mais elles possèdent je ne sais quelle saveur d'exotisme qu'on ne peut demander à nos écrivains nationaux.

Ecoutons Isaac Barrow exposer sagement la leçon de son expérience :

« Celui qui aime les livres ne manque jamais d'un ami fidèle, d'un conseiller salutaire, d'un gai compagnon, d'un soutien efficace. En étudiant, en pensant, en lisant, l'on peut innocemment se distraire et agréablement se récréer dans toutes les saisons comme dans toutes les fortunes. »

Jeremy Collier, pensant de même, ne s'exprime guère autrement :

« Les livres sont un guide dans la jeunesse et une récréation dans le grand âge. Ils nous soutiennent dans la solitude et nous empêchent d'être à charge à nous-mêmes. Ils nous aident à oublier les ennuis qui nous viennent des hommes et des choses ; ils calment nos soucis et nos passions ; ils endorment nos déceptions. Quand nous sommes las des vivants, nous pouvons nous tourner vers les morts : ils n'ont dans leur commerce, ni maussaderie, ni orgueil, ni arrière-pensée. »

Parmi les joies que donnent les livres, celle de les rechercher, de les pourchasser chez les libraires et les bouquinistes, n'est pas la moindre. On a écrit des centaines de chroniques, des études, des traités et des livres sur ce sujet spécial. *La Physiologie des quais de Paris*, de M. Octave Uzanne, est connue de tous ceux qui s'intéressent aux bouquins. On se rappelle moins un brillant article de Théodore de Banville, qui parut jadis dans un supplément littéraire du *Figaro;*

aussi me saura-t-on gré d'en citer ce joli passage :

« Sur le quai Voltaire, il y aurait de quoi regarder et s'amuser pendant toute une vie ; mais sans tourner, comme dit Hésiode, autour du chêne et du rocher, je veux nommer tout de suite ce qui est le véritable sujet, l'attrait vertigineux, le charme invincible : c'est le Livre ou, pour parler plus exactement, le *Bouquin*. Il y a sur le quai de nombreuses boutiques, dont les marchands, véritables bibliophiles, collectionnent, achètent dans les ventes, et offrent aux consommateurs de beaux livres à des prix assez honnêtes. Mais ce n'est pas là ce que veut l'amateur, le fureteur, le découvreur de trésors mal connus. Ce qu'il veut, c'est trouver pour des sous, pour rien, dans les boîtes posées sur le parapet, des livres, des bouquins qui ont — ou qui auront — un grand prix, ignoré du marchand.

« Et à ce sujet, un duel, qui n'a pas eu de commencement et n'aura pas de fin, recommence et se continue sans cesse entre le marchand et l'amateur. Le libraire, qui, naturellement, veut vendre cher sa marchandise, se hâte de retirer

des boîtes et de porter dans la boutique
tout livre soupçonné d'avoir une valeur ;
mais par une force étrange et surnatu-
relle, le Livre s'arrange toujours pour
revenir, on ne sait pas comment ou par
quels artifices, dans les boîtes du parapet.
Car lui aussi a ses opinions ; il veut être
acheté par l'amateur, avec des sous, et
surtout et avant tout, par amour ! »

C'est ainsi que M. Jean Rameau,
poète et bibliophile, raconte qu'il a
trouvé, en cette année 1901, dans une
boîte des quais, à vingt-cinq centimes,
quatre volumes, dont le dos élégamment
fleuri portait un écusson avec la devise :
Boutez en avant. C'était un abrégé du
Faramond de la Calprenède, et les
quatre volumes avaient appartenu à la
Du Barry, dont le *Boutez en avant* est
suffisamment caractéristique. Que fit le
poète, lorsqu'il se fut renseigné auprès
du baron de Claye, qui n'hésite point
sur ces questions ? Il alla dès sept heures
du matin se poster devant l'étalage, avala
le brouillard de la Seine, s'en imprégna
et y développa des « rhumatismes atro-
ces » jusqu'à onze heures du matin,— car
le bouquiniste, ami du nonchaloir, ne

vint pas plus tôt, — prit les volumes et
« bouta une pièce d'un franc » en disant :
« Vous allez me laisser ça pour quinze
sous, hein ? » — « Va pour quinze sous ! »
fit le bouquiniste bonhomme ! Et le
poète s'enfuit avec son butin, et aussi,
par surcroît, « avec un petit frisson de
gloire ».

Puisque nous sommes sur le quai Voltaire, ne le quittons pas sans le regarder
à travers la lunette d'un poète dont le
nom, Gabriel Marc, n'éveille pas de re-
tentissants échos, mais qui, depuis 1875,
année où il publiait ses *Sonnets parisiens*,
a dû parfois éprouver l'émotion — amère
et douce — exprimée en trait final dans
le gracieux tableau qu'il intitule : *En
bouquinant.*

Le quai Voltaire est un véritable musée
En plein soleil. Partout, pour charmer les
                                    [regards,
Armes, bronzes, vitraux, estampes, objets
Et notre flânerie est sans cesse amusée. [d'art,

Avec leur reliure ancienne et presque usée,
Voici les manuscrits sauvés par le hasard ;
                                    [Ponsard,
Puis les livres : Montaigne, Hugo, Chénier,
Ou la petite toile au Salon refusée.

Le ciel bleuâtre et clair noircit à l'horizon.
Le pêcheur à la ligne a jeté l'hameçon ;
Et la Seine se ride aux souffles de la brise.

On bouquine. On revoit, sous la poudre des
                                [temps,
Tous les chers oubliés ; et parfois, ô surprise !
Le volume de vers que l'on fit à vingt ans.

Un autre contemporain, Mr. J. Rogers Rees, qui a écrit tout un livre sur les plaisirs du bouquineur (*the Pleasures of a Bookworm*), trouve dans le commerce des livres une source de fraternité et de solidarité humaines. « Un grand amour pour les livres, dit-il, a en soi, dans tous les temps, le pouvoir d'élargir le cœur et de le remplir de facultés sympathiques plus larges et véritablement éducatrices. »

Un poète américain, Mr. C. Alex. Nelson, termine une pièce à laquelle il donne ce titre français : *Les Livres*, par une prière naïve, dont les deux derniers vers sont aussi en français dans le texte :

Les amoureux du livre, tous d'un cœur re-
                        [connaissant,
toujours exhalèrent une prière unique :
Que le bon Dieu préserve les livres
et sauve la Société !

Le vieux Chaucer ne le prenait pas de
si haut : doucement et poétiquement il
avouait que l'attrait des livres était moins
puissant sur son cœur que l'attrait de la
nature.

Je voudrais pouvoir mettre dans mon
essai de traduction un peu du charme poé-
tique qui, comme un parfum très ancien,
mais persistant et d'autant plus suave,
se dégage de ces vers dans le texte original.

[de chose,
Quant à moi, bien que je ne sache que peu
à lire dans les livres je me délecte,
et j'y donne ma foi et ma pleine croyance,
et dans mon cœur j'en garde le respect
si sincèrement qu'il n'y a point de plaisir
qui puisse me faire quitter mes livres,
si ce n'est, quelques rares fois, le jour saint,
sauf aussi, sûrement, lorsque, le mois de mai
venu, j'entends les oiseaux chanter,
et que les fleurs commencent à surgir, —
alors adieu mon livre et ma dévotion !

Comment encore conserver en mon
français sans rimes et péniblement ryth-
mé l'harmonie légère et gracieuse, pourtant si nette et précise, de ce délicieux
couplet d'une vieille chanson populaire,
que tout Anglais sait par cœur :

5

Oh ! un livre et, dans l'ombre un coin,
soit à la maison, soit dehors,
les vertes feuilles chuchotant sur ma tête,
ou les cris de la rue autour de moi ;
là où je puisse lire tout à mon aise
aussi bien du neuf que du vieux !
Car un brave et bon livre à parcourir
vaut pour moi mieux que de l'or !

Mais il faut s'arrêter dans l'éloge. Je ne saurais mieux conclure, sur ce sujet entraînant, qu'en prenant à mon compte et en offrant aux autres ces lignes d'un homme qui fut, en son temps, le « prince de la critique » et dont le nom même commence à être oublié. Nous pouvons tous, amis, amoureux, dévots ou maniaques du livre, nous écrier avec Jules Janin :

« O mes livres ! mes économies et mes amours ! une fête à mon foyer, un repos à l'ombre du vieil arbre, mes compagnons de voyage !... et puis, quand tout sera fini pour moi, les témoins de ma vie et de mon labeur ! »

X

A côté de ceux qui adorent les livres, les chantent et les bénissent, il y a ceux qui les détestent, les dénigrent et leur crient anathème ; et ceux-ci ne sont pas les moins passionnés.

On voit nettement la transition, le passage d'un de ces deux sentiments à l'autre, en même temps que leur foncière identité, dàns ces vers de Jean Richepin *(Les Blasphèmes)* :

Peut-être, ô Solitude, est-ce toi qui délivres
De celte ardente soif que l'ivresse des livres
Ne saurait étancher aux flots de son vin noir.
J'en ai bu comme si j'étais un entonnoir,
De ce vin fabriqué, de ce vin lamentable ;
                                     [table,
J'en ai bu jusqu'à choir lourdement sous la
                                     [veau.
A pleine gueule, à plein amour, à plein cer-
                                     [veau
Mais toujours, au réveil, je sentais de nou-
L'inextinguible soif dans ma gorge plus rêche.

On ne s'étonnera pas, je pense, que sa gorge étant plus rêche, le poète songe à la mieux rafraîchir et achète, pour ce,

des livres superbes qui lui mériteront,
quand on écrira sa biographie définitive,
un chapitre, curieux entre maint autre,
intitulé : « Richepin, bibliophile. »

D'une veine plus froide et plus mépri-
sante, mais, après tout, peu dissembla-
ble, sort cette boutade de Baudelaire
(*Œuvres posthumes*) :

« L'homme d'esprit, celui qui ne s'ac-
cordera jamais avec personne, doit s'ap-
pliquer à aimer la conversation des imbéciles et la lecture des mauvais livres.
Il en tirera des jouissances amères qui
compenseront largement sa fatigue. »

L'auteur du traité *De la Bibliomanie*
n'y met point tant de finesse. Il déclare
tout à trac que « la folle passion des
livres entraîne souvent au libertinage et
à l'incrédulité ».

Encore faudrait-il savoir où commence « la folle passion », car le même
écrivain (Bollioud-Mermet) ne peut s'empêcher, un peu plus loin, de reconnaître
que « les livres simplement agréables
contiennent, ainsi que les plus sérieux,
des leçons utiles pour les cœurs droits
et pour les bons esprits ».

Pétrarque avait déjà exprimé une pen-

sée analogue dans son élégant latin de
la Renaissance : « Les livres mènent certaines personnes à la science, et certaines autres à la folie, lorsque celles-ci
en absorbent plus qu'elles ne peuvent
digérer. »

*Libri quosdam ad scientiam, quosdam
ad insaniam deduxere, dum plus hau-
riunt quam digerunt.*

Cela rappelle un joli mot attribué au
peintre Doyen sur un homme plus érudit que judicieux : « Sa tête est la boutique d'un libraire qui déménage. »

C'est, en somme, une question de
choix. On l'a répété bien souvent depuis Sénèque, et on l'avait sûrement dit
plus d'une fois avant lui : « Il n'importe
pas d'avoir beaucoup de livres, mais
d'en avoir de bons. »

Ce n'est pas là le point de vue auquel
se placent les bibliomanes ; mais nous
ne nous occupons pas d'eux pour l'instant. Quant aux bibliophiles délicats,
même ceux que le livre ravit par lui-
même bien plus que par ce qu'il con-
tient, ils veulent bien en avoir beaucoup,
mais surtout en avoir de beaux, se rap-

5.

prochant le plus possible de la perfection ; et plutôt que d'accueillir sur leurs
rayons des exemplaires tarés ou médiocres, eux-aussi prendraient la devise :
Pauca sed bona.

« Une des maladies de ce siècle, dit
un Anglais (Barnaby Rich), c'est la multitude des livres, qui surchargent tellement le lecteur qu'il ne peut plus digérer
l'abondance d'oiseuse matière chaque
jour éclose et mise au monde sous des
formes aussi diverses que les traits mêmes
du visage des auteurs. »

> En avoir beaucoup, c'est largesse ;
> En étudier peu, c'est sagesse.

déclare un proverbe cité par Jules Janin.

Michel Montaigne, qui a mis les livres
à profit autant qu'homme du monde et
qui en a parlé en des termes enthousiastes et reconnaissants cités plus haut,
fait cependant des réserves, mais seulement en ce qui touche le développement
physique et la santé.

« Les livres, dit-il, ont beaucoup de
qualités agréables à ceulx qui les sçavent
choisir ; mais, aulcun bien sans peine ;
c'est un plaisir qui n'est pas net et pur,

non plus que les autres ; il a ses incom-
modités et bien poisantes ; l'âme s'y
exerce ; mais le corps demeure sans ac-
tion, s'atterre et s'attriste. »

L'âme même arrive à la lassitude et au
dégoût, comme le fait observer le poète
anglais Crabbe : « Les livres ne sauraient toujours plaire, quelque bons
qu'ils soient ; l'esprit n'aspire pas toujours après sa nourriture. »

Un proverbe italien nous ramène, d'un
mot vif et original, à la théorie des moralistes sur les bonnes et les mauvaises
lectures : « Pas de voleur pire qu'un
mauvais livre. »

Quel voleur, en effet, a jamais songé à
dérober l'innocence, la pureté, les croyan-
ces, les nobles élans ? Et les moralistes
nous affirment qu'il y a des livres qui
dépouillent l'âme de tout cela. « Mieux
vaudrait, s'écrie Walter Scott, qu'il ne
fût jamais né, celui qui lit pour arriver
au doute, celui qui lit pour arriver au
mépris du bien. »

Un écrivain anglais contemporain, Mr.
Lowell, donne un tour ingénieux à l'ex-
pression d'une idée semblable, quand il
écrit :

« Le conseil de Caton : *Cum bonis ambula*, " Marche avec les bons ", est tout aussi vrai si on l'étend aux livres, car, eux aussi, donnent, par degrés insensibles, leur propre nature à l'esprit qui converse avec eux. Ou ils nous élèvent, ou ils nous abaissent. »

Les sages, qui pèsent le pour et le contre, et, se tenant dans un juste milieu, reconnaissent aux livres une influence tantôt bonne, tantôt mauvaise, souvent nulle, suivant leur nature et la disposition d'esprit des lecteurs, sont, je crois, les plus nombreux.

L'helléniste Egger met à formuler cette opinon judicieusement pondérée, un ton d'enthousiasme à quoi l'on devine qu'il pardonne au livre tous ses méfaits pour les joies et les secours qu'il sait donner.

« Le plus grand personnage qui, depuis 3,000 ans peut-être, fasse parler de lui dans le monde, tour à tour géant ou pygmée, orgueilleux ou modeste, entreprenant ou timide, sachant prendre toutes les formes et tous les rôles, capable tour à tour d'éclairer ou de pervertir les esprits, d'émouvoir les passions ou de les apaiser, artisan de factions ou concilia-

teur des partis, véritable Protée qu'aucune définition ne peut saisir, c'est le
« le Livre. »

Un moraliste peu connu du xviiie siècle, L.-C. d'Arc, auteur d'un livre intitulé : *Mes Loisirs*, que j'ai cité ailleurs,
redoute l'excès de la lecture, ce « travail
des paresseux », comme on l'a dit assez
justement :

« La lecture est l'aliment de l'esprit et
quelquefois le tombeau du génie. »

« Celui qui lit beaucoup s'expose à ne
penser que d'après les autres. »

Le poète William Cowper, dans son
poème didactique *The Task*, en veut
moins au livre qu'à ceux qui ne savent
pas en profiter :

[charmes
Les livres sont souvent des talismans et des
[subtils
par le moyen de quoi l'art magique d'esprits
tient la multitude non pensante en servage.
Devant la fascination d'un grand nom, les uns
[tres que le style
abdiquent tout jugement, yeux fermés. D'au-
[sauvages
affole, à travers les labyrinthes et les régions
[tisés d'harmonie.
de l'erreur se laissent conduire par lui, hypno-

       [nombre, trop faibles pour soutenir
Cependant l'indolence séduit le plus grand
la fatigue insupportable de la pensée,
et par suite avalant, sans arrêt ni choix,
                    [et tout.
le grain non criblé, dans son entier, balle

Un des chefs de l'école positiviste, ou plutôt comtiste, anglaise, Mr. Frederic Harrison, a consacré aux choix des livres une longue étude où je note des jugements qui, pour juste que veuille rester celui qui les porte, ne laissent pas d'être parfois bien sévères. Il se rencontre avec William Cowper dans ce passage :

« Loin de moi l'idée de nier l'inestimable valeur des bons livres, ou de décourager personne de lire les meilleurs; mais je pense souvent que nous oublions le revers de la médaille, — le mauvais usage des livres, le débilitant gaspillage du cerveau dans des lectures sans but, sans lien, sans saveur, où même, peut-être, dans les émanations empoisonnées du fatras littéraire et des pires pensées des méchants... »

« Evitons, dit-il ailleurs, la sottise d'attendre trop des livres, l'habitude pédante de vanter les livres jusqu'à les

confondre avec l'éducation. Les livres
ne sont pas plus l'éducation que les lois
ne sont la vertu... »

Et encore : « Les livres ne sont pas
plus sages que les hommes ; les livres
sincères ne sont pas plus faciles à trouver que les hommes sincères ; les méchants livres ou les livres vulgaires ne
sont pas moins gênants ni moins répan-
dus que les hommes méchants ou vulgaires le sont partout ; l'art de lire bien
est aussi long et aussi difficile à appren-
dre que l'art de bien vivre... »

Il insiste et précise sa pensée en paro-
diant gravement un mot de Molière :
« De tous les hommes, l'ami des livres
est peut-être celui qui a le plus besoin
qu'on lui rappelle que l'affaire de l'homme
ici-bas est de savoir pour vivre et non
pas de vivre pour savoir. »

Enfin, généralisant le jugement humoristique que Charles Lamb, grand
amoureux des livres, portait sur certains d'entre eux sans cesser de les aimer
tous, lorsqu'il disait : « Il y a des livres
qui ne sont pas des livres du tout »,
Mr. Frederic Harrison en arrive à une
conclusion pessimiste qui n'irait à rien

de moins qu'à justifier toutes les persé-
cutions des inquisiteurs, sorbonnistes et
autres ennemis de la libre manifestation
de la pensée. Je traduis textuellement :

« Lorsque je regarde en arrière et
que je pense aux avalanches de matière
imprimée que d'honnêtes compositeurs
ont produites sans songer à mal, il faut
le croire,— ce qui, du moins, leur donna
le pain quotidien, — matière imprimée
que moi et nous tous avons, à notre très
mince profit, consommée par les yeux
sans jamais en tirer une honnête subsis-
tance, mais en affaiblissant beaucoup
notre fond, je suis presque tenté de mettre l'imprimerie parmi les fléaux du genre
humain ».

Ce qui ne l'empêche pas, d'ailleurs,
d'ajouter à cette matière imprimée de
copieux volumes, dans la pensée, apparemment, que les yeux des « consommateurs » sauront en tirer mieux que ce
« très mince profit. »

Il ne serait pas difficile de trouver des
esprits très distingués et très expérimen-
tés qui donnent la note contraire. Je me
bornerai à deux ou trois citations dont
on n'a pas encore abusé. C'est lord Sher-

brooke donnant ce conseil : « Prenez
l'habitude de lire, quoi que ce soit que
vous lisiez ; l'habitude de lire les bons
livres viendra quand vous aurez pris la
coutume de lire les médiocres. »

« On apprend quelque chose chaque
fois qu'on ouvre un livre », dit un proverbe chinois qui ne s'inquiète pas de la
qualité du livre qu'on ouvre.

Sans aller si loin, la sagesse des na-
tions a inspiré aux Anglais, n'en déplaise
à Charles Lamb, cette formule : « Un
livre est un livre, quand même il n'y aurait rien dedans. »

Le moraliste Vauvenargues croit que,
si l'on se met à un auteur, il faut tout
prendre de lui, le bon et le mauvais,
quitte à exercer son droit de critique et
à distinguer. Il en donne la raison. « Si
on ne regarde que certains ouvrages des
meilleurs auteurs, on sera tenté de les
mépriser. Pour les apprécier avec justice, il faut tout lire. »

C'est l'avis des souris de Florian :

> .... Il n'est point de volume
> Qu'on n'ait mordu, mauvais ou bon.

Qu'importe ? dit un sceptique corres-

6

pondant du journal anglais *Notes and Queries*, Mr. C. A. Ward : « Il n'y a guère de livres qui puissent changer la face du monde. Un ingénieur de chemins de fer y réussit mieux avec ses plans que la *Politique* d'Hooker, ou l'*Areopagitica* de Milton ; l'influence des livres, grands ou petits, est toujours la même, c'est-à-dire à près nulle. »

Il s'ensuit assez logiquement qu'il n'y à point à se gêner, et qu'il est indifférent de lire n'importe quoi, ou même de ne pas lire du tout.

Le *Chansonnier varié* pour 1815 fait plus d'honneur aux « Romans du jour. » Ils sont du moins bons à quelque chose. Oyez plutôt :

> Les romans de l'heure présente
> Ressemblent assez aux melons ;
> Il est rare que sur cinquante
> On puisse en rencontrer deux bons ;
> On peut cependant, à les lire,
> Trouver encor quelque plaisir,
> Car, ma foi, s'ils ne font pas rire,
> Ils savent bien faire dormir.

XI

« L'étude des livres engendre les vers
de livres, les *bookworms* », dit Oscar
Browning. — C'est ce que nous appe-
lons, d'un terme bien moins expressif et
dépréciateur, les rats de bibliothèque. —

Je suppose que l'auteur de cet aimable
aphorisme, qui est un écrivain et un
érudit fort distingué, ne se laisse point
arrêter dans son étude des livres par la
crainte de devenir larve.

Mais, puisqu'il faut risquer ce danger,
quels livres est-il le plus prudent et le
plus agréable de lire, les nouveaux ou
les vieux ?

Les avis sont partagés. Je donne ici
l'écho des sons divers de cloches bat-
tant à différents clochers.

« Les livres nouveaux ont du moins
ce grand avantage sur les anciens d'être
propres, dit Mr. W.-A. Davenport. Il
n'est pas donné à tout le monde de s'em-
porter en dithyrambes sur des pous-
sières et des vermoulures. »

Comme on voit bien que cet ami de

la littérature lit des livres qu'il achète,
et n'imagine pas qu'on puisse se souiller
les doigts aux couvertures et feuillets
des livres de cabinets de lecture et autres
circulating libraries !

Mr. Lowell dit par contre, et en vers :

[du pain frais;
Lire les livres nouveaux, c'est comme manger
on le supporte d'abord, mais par degrés, la
[de la mort.
dyspepsie mentale vous conduit aux portes

Le journal américain *The Bookmart*
connaît à ce mal redoutable un remède
approprié, et voici son ordonnance :
« Chaque fois qu'on publie un livre
nouveau, lisez-en un vieux », et l'équi-
libre sera rétabli. Du reste, ajoute-t-il
ailleurs, « tous les livres d'un mérite
supérieur sont nécessairement *second-
hand* (épuisés et de la librairie d'occasion). Les autres servent aux pâtissiers
et aux emballeurs. »

O. W. Holmes, dont la philosophie
était si souriante et si humaine, offre à
nos méditations cette remarque :

« Les vieux livres sont les livres de la
jeunesse du monde, et les livres nouveaux sont les fruits de sa vieillesse. »

Or, comme le constate Littré, « un penchant naturel conduit l'homme à la contemplation du passé. Les vieux monuments, les vieux livres, les vieux souvenirs éveillent en lui un intérêt profond. »

Un des plus savants bibliographes de l'Angleterre contemporaine, dont la mort est encore récente, Mr. Blades, a écrit, dans le même ordre d'idées, cette page d'une éloquence émue :

« Un vieux livre, quel qu'en soit le sujet ou le mérite intrinsèque, est véritablement une partie de l'histoire nationale ; on peut l'imiter, on peut l'imprimer en fac-similé, mais jamais on ne pourra le reproduire exactement ; et, en tant que document historique, il faut le conserver avec soin. Je n'envie à personne cette absence de sentiment qui rend certaines gens insoucieux des souvenirs laissés par leurs ancêtres, et fait que le sang ne peut s'échauffer qu'en parlant chevaux ou cours du houblon. Pour eux la solitude est synonyme d'ennui, et la compagnie du premier venu leur est plus précieuse que la leur. Quelle immense source de calme jouis-

6.

sance et de rénovation intellectuelle de
telles gens laissent échapper ! Le mil-
lionnaire lui-même allégera ses peines,
allongera sa vie et ajoutera dix pour
cent à ses plaisirs quotidiens s'il devient
bibliophile; d'un autre côté, pour l'homme
d'affaires doué du goût des livres qui,
toute la journée, a lutté dans la bataille
de la vie, exposé à tous les échecs et à
toutes les inquiétudes irritantes, quelle
heure bénie de repos et de plaisir s'ouvre à lui, lorsqu'il entre dans un sanc-
tuaire où chaque objet lui souhaite la
bienvenue, où chaque livre est un ami
personnel ! »

Avant Mr. Blades, notre compatriote
Hippolyte Rigault disait avec sa finesse
de critique et son sentiment de lettré :

« L'amour des vieux livres, humbles,
mal reliés, qu'on achète pour peu de
chose et qu'on revendrait pour rien,
voilà la vraie passion, sincère, sans arti-
fice, où n'entrent ni le calcul, ni l'affecta-
tion. C'est un bon sentiment que ce culte
de l'esprit et ce respect touchant pour
les monuments les plus délabrés de la
pensée humaine; c'est un bon sentiment
que cette vénération pour ces livres d'au-

trefois qui ont connu nos pères, qui ont peut-être été leurs amis, leurs confidents. Voilà les sentiments qu'éveille dans le cœur l'amour des vieux volumes : aimable passion qui est plus qu'un plaisir, qui est presque une vertu... On compte ses prisonniers avec un air vainqueur ; on les range un à un sur de modestes rayons ; ils seront aimés, choyés, dorlotés, malgré leur indigence, comme s'ils étaient vêtus d'or et de soie. »

La même inspiration a dicté cette « Ballade des vieux livres », que j'ai trouvée dans je ne sais plus quel recueil de poésies américaines et dont l'auteur, Edward Heron Allen, m'est d'ailleurs inconnu :

On chante les lointaines et fantomâles con-
[trées,
les prairies et les vallons d'Arcadie,
les retraites où jouent le satyre et la nymphe
[sylvestre,
les colonnes et les portes d'ivoire :
mais nul de ces lieux de plaisance ne me
[paraît
un hâvre de joie, car je deviens vieux
et je sollicite de dame fortune la faveur d'être
là où s'achètent et se vendent les livres d'oc-
[casion.

Mon pouls bat fort et mon cœur est allègre
quand je trouve une date qui commence par
[MDXXX
sur un aimable vieil in-22, dont les feuilles
[sont grises
de la patine que l'ancienneté donne aux bou-
[quins ;
et je m'agenouille devant ce sage, venu d'au
[delà des mers
pour que des Vandales le vendent contre de
[l'or yankee ;
et volontiers je me sépare de mes bank-notes
[péniblement gagnées
là où s'achètent et se vendent les livres d'oc-
[casion.

ENVOI

Ah ! Princesse, ces gloires vivront encore
[lorsque nous
serons morts, et que depuis longtemps notre
[sang sera glacé ;
car on est immortel, comme vous le pouvez
[voir,
là où s'achètent et se vendent les livres d'oc-
[casion.

C'est qu'en effet, « pour le vrai bibliophile, le livre est à la fois un document
du passé, l'instrument d'une joie intellectuelle et un objet d'art » (Léon G.
Pélissier).

XII

Mais, j'ai déjà eu l'occasion de le dire, les meilleurs choses ont leurs détracteurs. Il y a même d'excellents esprits qui, craignant avant tout l'excès, prisant par-dessus tout la pondération et la mesure, combattent l'abus si vigoureusement qu'ils semblent proscrire l'usage. Je donnerai quelques exemples typiques de ces attaques exagérées contre l'exagération.

Procédons graduellement. Les réflexions suivantes, de M. Aug. Laugel n'ont après tout rien que de très raisonnable :

« Si la bibliophilie a ses charmes, elle a aussi ses dangers ; elle en a surtout pour l'écrivain. Elle le transporte encore vivant dans les Champs-Elysées ; il devient une ombre au milieu des ombres. Il se plaît, il s'attarde dans le passé, il oublie volontiers le présent, surtout si le présent le blesse et l'obsède, s'il a vu disparaître une à une ses illusions et ses espérances, s'il a survécu à ce qui lui était

le plus cher, si les dernières flammes de
son foyer sont éteintes, s'il ne peut plus
revoir cette fumée du toit paternel
qu'Ulysse chantait dans Ithaque. »

Voilà des inconvénients qui ressem-
blent fort à des avantages. Ne sont-ce pas
des consolations. Et de quoi le désolé
a-t-il besoin, sinon d'être consolé ?

Edmond Texier, journaliste fameux au
temps où le journal *le Siècle* était populaire — c'était sous l'Empire, — se mon-
trait plus dur : comme notre aimable
confrère M. Geffroy, il classait la bibliomanie parmi les maladies mentales dan-
gereuses.

« Le public, disait-il (*Les choses du temps
présent, 1861*), ne comprendra jamais
toutes les passions malsaines qui s'agi-
tent dans le cœur d'un amateur de bouquins. Le vrai bibliomane croit, comme
Alexandre, que rien n'est fait tant qu'il
lui reste quelque chose à faire. Un de nos
amis, grand dénicheur de livres rares,
m'a assuré qu'il avait été pris d'un invincible désir de mettre le feu à sa bibliothèque après avoir visité celle de M. le
duc d'Aumale. L'envie, la jalousie,
l'appétence du bien d'autrui, tels sont

les moindres défauts du bibliomane. »

Il ne le lui manque plus que de raconter la vieille histoire espagnole du bouquiniste assassin.

Parce que les amis du livre ne sont pas exempts des mauvaises passions ni des coups de folie auxquels on voit tous les jours des hommes de toutes les conditions céder misérablement ou tragiquement, il faut, paraît-il, en conclure que ces passions et ces accès de folie, c'est l'amour des livres qui les donne. J'avoue que la logique d'un tel raisonnement dépasse la portée de mon esprit. Mais généreusement je vais fournir à ceux qui croyent s'y pouvoir appuyer un nouvel étai. C'est une anecdote que Jules Janin rappelle dans son ouvrage sur *l'Amour des livres*.

« M. le conseiller Séguier causait avec le Roy dans sa chambre (on parlait de vénalité des juges). — Monsieur le Chancelier, disait le Roi, à quel prix vendriez-vous la justice ? — Oh ! Sire, à aucun prix.... Pour un beau livre, je ne dis pas ! »

Et maintenant, si l'on se plaint jamais devant vous de la corruption de certains

magistrats, vous savez la cause corrup-
trice : n'en doutez pas, ils sont bibliophiles, — disons bibliomanes, pour mé-
nager des susceptibilités.

Le grand critique d'art Ruskin fait,
dans un livre intitulé : *Sesame and Lilies*,
cette réflexion judicieuse :

« Si quelqu'un dépense sans compter
pour sa bibliothèque, on l'appelle fou —
bibliomane. Mais on n'appelle jamais
personne hippomane, bien que des gens
se ruinent tous les jours avec leurs chevaux et qu'on n'entende point dire que
les livres aient jamais ruiné personne. »

On a pu dire avec justesse que « si le
bibliophile possède des livres, le bibliomane en est possédé. »

Les bibliophiles et les bibliomanes ne
sont pas forcément des criminels d'intention ni des fous à l'état latent, en dépit des accusations violentes et des insi-
nuations perfides ; mais ne sont-ils pas
condamnables de faire de leur temps et
de leur argent un usage aussi vain ? — Et,
avec la gravité d'un pasteur à son prê-
che, des hommes considérables, savants,
philosophes, vertueux, lugubres, répon-

dent affirmativement. Entendez plutôt
Mr. Frédéric Harrison. La voix sévère et
l'air rogue, il nous donne une austère
leçon.

« Collectionner les livres rares et les
auteurs oubliés est peut-être, de toutes
les manies collectionnantes, la plus sotte
aujourd'hui. Il y a beaucoup à dire en
faveur des faïences rares et des scarabées
curieux. La faïence est parfois belle et
les scarabées sont du moins comiques
d'aspect. Mais les livres rares sont maintenant, par la nature même des choses,
des livres sans valeur ; et leur rareté
consiste ordinairement en ce que l'imprimeur a fait une bévue dans le texte,
ou qu'ils contiennent quelque chose d'ex-
ceptionnellement sale ou idiot. Accorder
un profond intérêt aux auteurs négligés
et aux livres peu communs, c'est, la plupart du temps, un signe — non pas
qu'on ait épuisé les ressources de la littérature ordinaire — mais qu'on n'a pas
réellement de respect pour les productions les plus grandes des hommes les
plus grands qui aient vécu. Cette bibliomanie se saisit d'êtres raisonnables et
les pervertit au point que, dans l'esprit

7

de celui qui en est atteint, la race humaine existe pour les livres, et non point
les livres pour la race humaine. Il y a
un livre qu'ils pourraient lire avec fruit,
les faits et gestes d'un grand collectionneur de bouquins qui vivait jadis dans
la province de la Manche. Pour le collectionneur, et quelquefois pour l'érudit,
le livre devient un fétiche, une idole et
est digne de l'admiration du genre humain quand même il ne serait de la plus
petite utilité à personne. Par cela seul
que le livre existe, il a le droit d'être po-
liment invité à prendre place sur les
rayons. La « bibliothèque ne serait pas
complète sans lui », bien que la bibliothèque doive, pour ainsi dire, être empuantie quand il y sera. Les grands
livres sont, bien entendu, des livres
communs ; et ceux-ci sont traités par les
collectionneurs et les bibliothécaires avec
un souverain mépris. Plus le rare volume est un affreux avorton de livre,
plus désespérés sont les efforts des bibliothèques pour le posséder. »

Jules Janin va nous donner la contre-
partie de ce réquisitoire, dont il est su-
perflu de faire ressortir les erreurs et

l'injustice. On a besoin, après cette page puritaine et revêche, de quelques lignes bien françaises où la fantaisie s'égaie de bonne humeur.

« Ça vous est égal, messieurs les lecteurs sans odorat, de tenir dans vos mains mal lavées un bouquin taché de lie, où la fille errante et le laquais fangeux ont laissé la trace ineffaçable de leurs doigts malpropres et de leurs têtes mal peignées ? Ça vous est égal de feuilleter une sentine et de respirer à chaque page une abominable exhalaison d'écurie ou de mauvais lieu ?

« Un digne ami des livres respectera ses heures d'études et de loisir, il se croira tout simplement déshonoré de réunir tant de souillures, en de si tristes enveloppes, à toutes les fleurs du bel ·esprit. Il faut à l'homme sage et studieux un tome honorable et digne de sa louange.

« ... Ces réimpressions de nos chefs-d'œuvre, pleines de fautes, disons mieux, pleines de crimes, il y a pourtant des gens qui les achètent, et qui les font relier en basane, par des cordonniers manqués dont on a fait des relieurs ! Ces

livres ainsi bâtis, qui puent la colle et
l'œuf pourri, que le ver dévore, et qui
tournent au jaunâtre grâce aux ingrédients
de paille et de bois pourri par lesquels
le chiffon de toile est remplacé, ces mi-
sérables in-octavo, l'exécration du genre
humain lettré, il y a cinquante imbéciles,
cinquante ignorants, autant d'usuriers,
plusieurs idiots, vingt repris de justice, et de graves filles de joie un peu
lettrées, sans compter une douzaine de
marquises de nouvelle édition, qui les
enferment avec soin dans une bibliothèque richement sculptée. »

Revenons aux personnes sévères. Elles
n'ont pas dit leur dernier mot. M. G.
Mouravit n'est pas éloigné de la pensée
de Mr. Frederic Harrison lorsqu'il écrit :

« L'amour funeste accordé au livre
pour lui-même créera une perpétuelle
et déplorable promiscuité ; en prenant
chaque jour un empire plus tyrannique,
il arrivera bientôt à détruire le *sens intellectuel.* Vouée à la recherche des infini-
ment petits de l'art et de la science, la
vue du bibliomane s'éteint, il ne sait
plus voir les grandes œuvres de l'esprit
humain. »

Il est cependant plus indulgent et plus juste à la fin, lorsqu'il ajoute :

« Sans crainte de nous commettre avec les bibliomanes, nous devons reconnaître que la beauté matérielle d'un volume influe beaucoup sur le profit intellectuel qu'on en peut tirer. Comme le disait notre bon Rollin : Une belle édition, qui frappe les yeux, gagne l'esprit et, par cet attrait innocent, invite à l'étude. »

De ces différentes opinions, *The Bookmart* me semble avoir donné, dans un article intitulé *Bibliomania*, un exposé contradictoire assez équitable, avec la conclusion qu'il comporte. C'est pourquoi je le cite ici, malgré sa longueur :

« La bibliomanie qui fleurit de nos jours ne se rattache à aucun goût véritable pour la science de l'antiquité ou l'histoire. La manie des tableaux a été suivie de la manie des faïences fêlées, et la manie des faïences fêlées a été suivie par la manie des livres. Les gens qui achetaient des tableaux et des faïences connaissaient les marques grâce auxquelles on peut constater l'authenticité d'un peintre ou d'une assiette, mais ils ne connaissaient guère autre chose. De

7.

même les gens qui achètent des livres
en sont arrivés à savoir qu'un exemplaire de telle édition ancienne contenant
une faute d'impression à telle page est
sans prix, tandis qu'une autre, qui n'a
pas de faute, est réellement sans valeur
et se donne pour rien. Telle est à peu
près la mesure des capacités de la plupart de nos amateurs de livres, bien que
quelques-uns d'entre eux sachent, par
surcroît, apprécier avec plus ou moins
d'intelligence la distinction qu'il y a
entre « demi-maroquin, non coupé, doré
en tête par Rivière », et « veau extra, non
coupé, doré en tête par W. Pratt », distinction qui n'est pas de médiocre impor-
tance dans les salles de vente. La vérité
est, qu'acheter des livres est devenu une
mode, et que les règles et canons qui
gouvernent les acheteurs de livres sont
aussi capricieux et innombrables que
ceux qui gouvernent les acheteurs de
vieux tableaux et de vieilles faïences...

« La bibliomanie régnante doit, j'en
ai peur, être regardée comme la manifestation, plus ou moins intelligente,
d'un simple dilettantisme sentimental.
Elle n'a point de caractère archéolo-

gique, point de caractère historique ;
elle a le goût personnel du pittoresque...
La rareté toute seule est l'élément es-
sentiel dans l'estimation que l'on fait
d'un ouvrage imprimé il y a deux cents
ans ou plus ; ainsi un volume absolument sans valeur atteindra souvent un
prix de fantaisie, simplement parce qu'il
n'en existe pas un autre exemplaire. »

Le docteur James Martineau déclare,
dans ses *Hours of Thought (Heures
de Pensée)*, qu'en l'absence de quelque
chose ayant une portée plus noble, les
amours exclusifs, les enthousiasmes par-
ticuliers, les simples fantaisies de l'esprit,
pourvu qu'ils soient innocents, sont un
grand bien. « L'homme actif qui pour-
suit un but innocent quelconque vaut
mieux que l'homme inerte qui critique
tout, et l'être lourd qui ne vit que pour
collectionner des coquilles et des médailles est au-dessus de l'être spirituel
qui ne vit que pour se moquer de lui. »

Dans le même esprit, je me hasarde à
avancer qu'il n'est pas sage de traiter la
passion pour les livres vieux, rares ou
curieux, irrespectueusement. Toute occupation de ce genre a une influence

plus ou moins grande sur l'affinement
de l'esprit. Elle peut, sans doute, être
entachée de snobbisme ou de vulgarité,
si c'est l'ignorant caprice de la mode ou
le simple essai d'une cupide spéculation
qui la dirige ; mais, d'un autre côté, on
peut la comprendre de telle sorte qu'elle
soit une occupation non seulement
pleine de charmes, mais encore pleine
d'utilité.

XIII

Les railleries — parfois indignées —
que des bonnes gens, qui tantôt lisent
trop, tantôt ne lisent guère ou ne lisent
pas du tout, font des amateurs quicollec-
tionnent des livres sans les lire, sortent
d'une veine inépuisable et ne sauraient
s'énumérer. J'en mets ici quelques-unes
que je n'ai pas enregistrées déjà.

Il en est qui datent de loin. Voici le
dict du vieux Gaultier de Metz, dans
L'Ymage du monde :

> Est d'aucuns convoiteus
> Qui ont les livres précieus
> Et aornés et bien et bel,
> Qui n'en regardent fors la pel.

Pétrarque a dit en latin : « Il est des gens qui se figurent posséder en propre tout ce qui est dans les livres qu'ils ont chez eux. Vient-on à parler de quelque ouvrage : — Oh ! disent-ils, ce livre est dans mon armoire. — Cela leur suffit et c'est, dans leur opinion, comme s'ils le savaient par cœur. Là dessus, les sourcils hauts et les yeux ronds, ils se taisent. Quelle race ridicule ! »

Ausone s'était moqué déjà de celui qui, parce qu'il sa bibliothèque pleine de livres, se croit grammairien et docte.

Un de ceux qui se sont le plus fortement élevés contre cette perversion de l'usage des livres, qui consiste à les aligner sans les lire, fut, lui-même, un grand amateur de livres. Je veux parler de Bollioud-Mermet, l'auteur du traité célèbre *De la Bibliomanie* (La Haie, 1761), réimprimé par Jouaust en 1865 et en 1866.

« On a tellement perverti l'usage des livres, dit-il, que ces monuments de la savante antiquité, ces recueils précieux des productions de génie, autrefois consacrés à perpétuer les vrais principes des sciences, à inspirer le bon goût des

lettres, à faciliter le travail, à diriger le
jugement, à exercer la mémoire, à faire
germer les talents et les vertus, sont
maintenant des meubles de pure curiosité, qu'on achète à grands frais, qu'on
montre avec ostentation, et qu'on garde
sans en tirer aucune utilité... »

Et il conclut « que la Bibliomanie est le
comble du ridicule pour ceux qui n'ont
ni les dispositions, ni la volonté de faire
un usage sérieux des livres ; que pour
les gens d'étude et les connaisseurs, c'est
une superfluité déraisonnable que de
rassembler toutes les facultés, toutes les
matières qu'un seul homme ne saurait
cultiver ; que ces collections portées
jusqu'au luxe et à la magnificence font
l'effet d'un amour excessif du merveilleux et l'objet d'une prodigalité condamnable et ruineuse ; que ce goût bizarre et
libertin qui fait donner la préférence à
certains ouvrages, où tout respire la
frivolité et la licence, est un travers
d'esprit odieux et méprisable, un déré-
glement de cœur consommé, digne de
la rigueur des loix et des anathèmes. »

La conclusion est orthodoxe ; elle plai-
rait à la censure officielle, dame Anastasie,

qui aime à confisquer au profit de son plaisir ce qu'elle juge malsain à la santé morale des autres.

Le poète anglais Halkett Lord en arrive à une non moins vigoureuse, dans une pièce humoristique qui finit ainsi :

Regardez Tottipop jouir de ses chers livres,
aller de rayon en rayon, raffolant, ravi,
et lire, en arpentant la salle, — les titres, —
          [de Bedford !
ou jouer amoureusement avec ses reliures
          [ne peut corrompre.
Oh ! ce sont là des plaisirs que rien jamais
          [et voilà qui tend à montrer
A la tonne et à la toise, il fait ses achats, —
          [savoir peu.
combien un homme peut avoir beaucoup, et
          [tremblantes,
Maintenant voyez-le, de ses mains gantées et
caresser ses Capé, soupeser ses Derôme,
          [devant une marge trop rognée,
tantôt exhaler du fond du cœur un soupir
          [blures, de petits fers et de filets.
tantôt se sentir renaître à la vue de dou-
          [volumes.
Ainsi passent ses jours, à farfouiller de vieux
          [l'enfermer !
Il appelle cela de *l'amour* !... — On devrait

Le marquis d'Argenson en prenait son parti légèrement, en élégant seigneur français, lorsqu'il donnait pour inscrip-

tion à une bibliothèque cette devise re-
nouvelée des saints livres :

Multi vocati, pauci lecti.

J'ai trouvé dans un *Nouveau Recueil
d'Enigmes, Charades et Logogriphes*,
publié à Rouen, sans date, chez Lecrève-
Labbez (in-18, p. 72), une énigme assez
pauvrement versifiée, mais qui nous lais-
sera sous une impression plus gaie.

> A l'abri d'une peau légère,
> Je tiens cent héros enfermés ;
> Et par moi seulement leurs faits si renommés
> Sont à couvert de la poussière.
> Cependant, sous l'éclat des ornements divers,
> Dont ma figure est revêtue,
> Je cache avec soin à la vue   [vers.
> Un corps qui bien souvent est tout farci de
>   [rante,
> Jugez de mes emplois : quoique fort igno-
> En un espace assez petit,
> Je renferme beaucoup d'esprit ;
> Mais qui de me voir se contente
> Sans jamais regarder ce que j'ai dans le cœur,
> Est sans doute un pauvre docteur.

XIV

L'amour des livres pour les livres, quelque futile et condamnable qu'il puisse-être, — et il s'en faut que cette question soit tranchée, — ne date pas d'hier.

Chez les Grecs, Aristote acheta après la mort de Speusippe, quelques uns de ses livres pour la somme de 72,000 sesterces. Platon acquit le livre de Philolaüs le pythagoricien, d'où il tira le *Timée*, dit-on, au prix de 10,000 deniers. Sur quoi Aulu-Gelle remarque que les sages méprisent l'argent en comparaison des livres.

Cicéron ne tarit pas sur la joie d'acquérir et de posséder des livres, et de sa correspondance avec son ami Atticus il appert que celui-ci non seulement collectionnait des volumes, mais en faisait commerce. *Nil sub sole novum.*

C'est Asinius Pollio qui fonda la première bibliothèque publique à Rome; mais les bibliothèques particulières n'étaient pas rares. Sylla en avait une remarquable. « Parmi les trésors que Lu-

8

cullus rapporta de ses guerres d'Asie, et
dont il orna sa maison de Tusculum, dit
Géraud dans son *Essai sur les Livres dans
l'antiquité*, il faut compter une précieuse
collection de livres qu'il se fit gloire
d'augmenter encore et dont il permit le
libre accès aux savants et aux littéra-
teurs. »

« Du temps de Sénèque, rapporte le
même écrivain, le luxe des bibliothèques
était poussé à Rome à un degré inimagi-
nable. Une bibliothèque était regardée
comme un ornement nécessaire dans une
maison ; aussi en trouvait-on jusque chez
les gens qui savaient à peine lire, et si
considérables que la lecture des titres
des livres aurait seule rempli la vie du
proprietaire. C'est vers ce temps que
vint à Rome le grammairien Epaphro-
dite de Chéronée, qui ramassa jusqu'à
30,000 volumes de choix *(Suidas)*. Plus
tard, Sammonicus Severus, précepteur
de Gordien le Jeune, laissa à son élève
la bibliothèque qu'il avait reçue de son
père, et qui se montait à 62,000 volumes. »

Saint Pamphile, prêtre et martyr, pos-
séda, au témoignage d'Isidore, 30,000

volumes, dont il fit présent à l'église de Césarée.

Au ve siècle de l'ère chrétienne, Sidoine Apollinaire nous signale l'existence de plusieurs bibliophiles en Gaule, parmi lesquels Loup, professeur à Périgueux ; Manus, consul à Narbonne ; Rurice, évêque de Limoges ; Tonance Ferréol, dans sa maison de Prusiane, sur le Gardon, non loin des frontières du Rouergue.

Sans suivre une filiation qui serait trop longue, les bibliophiles doivent aussi reconnaître comme un de leurs ancêtres, — inattendu pour la plupart d'entre eux, j'imagine, — l'Anglais Thomas Britton, charbonnier ambulant, musicien et chimiste. Il laissa après sa mort une collection de partitions dont la vente atteignit près de cent livres sterling, des instruments de musique pour quatre-vingts livres, et une remarquable bibliothèque musicale et scientifique. Quelques années auparavant (1714), il avait vendu aux enchères une belle collection de livres et de manuscrits se rapportant en majorité aux Roses-Croix et à leurs doctrines. Il existe, paraît-il, un

catalogue imprimé de chacune de ces
collections.

XV

Il faut dire deux mots de cette question des catalogues, dont l'histoire serait
bien curieuse et constituerait, en réalité,
par ses inventaires successifs, l'histoire
de la bibliographie tout entière, — c'est-
à-dire de la marche progressive de l'esprit humain dans ses manifestations
écrites.

« Les premiers catalogues de librairie,
dit Werdet, remontent à 1473 et 1474;
ils proviennent d'une librairie de Stras-
bourg, celle de Mentelin, et des presses
de Baemler, à Augsbourg. »

Voilà un fait précis, qui a son impor-
tance dans les limites où il est donné. Il
est bien clair, en effet, que, du moment
qu'il y a eu des livres, — je veux dire
des écrits quelconques, — offerts en vente
au public, — et il y en a eu, dès l'inven-
tion de l'écriture, à Rome, en Grèce, en
Egypte, en Chine, partout, — les ven-

deurs ont annoncé aux acheteurs ce
qu'ils avaient à vendre dans des listes
qui n'étaient véritablement que des catalogues. Ce point réglé, n'êtes-vous pas
de l'avis de l'*essayist* Leigh Hunt lorsqu'il dit :

« Un catalogue n'est pas une simple
liste de choses à vendre, comme les pro-
fanes peuvent se l'imaginer. Même un
catalogue de commissaire-priseur sug-
gère mille réflexions à celui qui le par-
court. Jugez donc ce qu'il doit en être
d'un catalogue de livres dont les titres
seuls embrassent le cercle du monde entier, visible et invisible : géographies —
biographies — histoires — amours —
haines — joies — chagrins — cuisines
— sciences — modes — et l'éternité ! »

Aussi ne nous étonnerons-nous pas
du mot de Jules Janin :

« Bon nombre d'honnêtes gens n'ont
pas laissé d'autre oraison funèbre que
le catalogue de leur bibliothèque, où
toute louange est contenue. »

A cette question se rattache naturellement celle de la valeur vénale des livres
et du placement plus ou moins avanta-
geux que font ceux qui les achètent. Si

8.

Ruskin a pu dire que l'on n'a jamais vu
d'amateur de livres ruiné par sa passion, c'est qu'il ne la satisfait qu'en ac-
quérant des objets de réelle valeur.

Quelques-uns se cabrent à cette idée
de spéculation ; ils répéteraient volontiers ces vitupérations de Bollioud-
Mermet :

« O ! le noble et rare talent, qui tra-
vestit le philosophe en marchand de
livres ! *Pulchra sane ars quæ de philoso-
pho librarium facit!* (*Petrone.*) Détestable
industrie, négoce honteux, digne du mépris public : excès de cupidité, qui met
quelquefois la probité aux abois, et
l'art du connaisseur au-dessous des conditions les plus viles ! »

D'autres — c'est le plus grand nombre
— voient la chose plus froidement,
plus justement. Ils savent, comme le
disait S. de Sacy, que « les livres sont
un capital » et que, « bien choisis », ils
doublent de valeur en dix ans » Et ils ne
se font pas, à l'occasion ou au besoin,
scrupule d'en profiter. En attendant, ils
ont un argument pour se concilier leur
femme, l'ennemie-née du bibliophile,
comme nous l'avons vu. Ils peuvent lui

soumettre des considérations comme celle-ci :

« Ménagères qui avez le bonheur de posséder un mari bibliophile, au lieu de faire une mine refrognée lorsque vous voyez arriver un nouveau paquet de livres et que la bibliothèque envahit peu à peu tout l'appartement, réjouissez-vous donc ! C'est la fortune de vos enfants qui augmente... Quelle est d'ailleurs la vertu que ne supporte pas l'amour des livres ! Douceur, frivolité de caractère, indulgence ; point de jalousie, point de tracasseries, la femme d'un bibliophile est nécessairement la maîtresse de la maison, pourvu qu'elle sache s'arrêter au seuil du cabinet. »

XV

Capables d'une influence si utile et si louable, les livres méritent, il faut bien le croire enfin, tous les respects. Le vieux Richard de Bury a, dans son *Philobiblon*, dressé le code ou, si vous préférez, le protocole des égards qui leur sont dûs avec une naïveté de bon sens qui me paraît délicieuse dans sa prolixité.

« Nous remplissons un devoir sacré de piété, dit-il, quand nous traitons les livres avec soin et aussi quand nous les replaçons au lieu qui leur est réservé et les remettons à une garde inviolable ; si bien qu'ils se réjouissent de rester purs tant que nous les avons entre nos mains, et qu'ils reposent en sûreté lorsqu'ils sont rendus à leur lieu de dépôt... C'est pourquoi nous croyons expédient de mettre en garde nos étudiants contre diverses négligences, qui peuvent facilement s'éviter, et qui font un mal étonnant aux livres.

« En premier lieu, pour ce qui est de l'ouverture et de la fermeture des livres, mettons-y la modération convenable, afin que les fermoirs n'en soient pas défaits avec trop de hâte, et que, lorsque nous avons fini notre inspection, ils ne soient pas mis de côté sans être dûment clos. Car c'est notre devoir d'entourer un livre de beaucoup plus de soins qu'une paire de bottes...

« Il a pu vous arriver de voir un jeune homme à tête drue, flânant paresseuse-

ment sur son travail ; et lorsque le gel
de l'hiver est piquant, son nez, coulant
sous la morsure du froid, laisse tomber
des gouttes, sans qu'il songe à les essuyer
avec son mouchoir avant qu'elles aient,
de leur vilaine humidité, arrosé le livre
qu'il a devant lui. Que n'a-t-il devant
lui, non pas un livre, mais un tablier de
savetier ! Ses ongles sont bourrés d'une
ordure fétide, aussi noire que du jais ;
il en marque, à son caprice, tels ou
tels passages. Il insère et fixe en différentes places une multitude de pailles,
pour que ces brins de chaume lui rap-
pellent ce que sa mémoire ne peut
retenir. Ces pailles, parce que le livre n'a
pas l'estomac assez fort pour les digérer
et que personne ne les retire, commencent par distendre le volume, l'empêcher
de se fermer comme d'ordinaire, et, à la
longue, abandonnées et oubliées, tombent
en poussière. — Il ne craint pas de manger du fruit ou du fromage au dessus
d'un livre ouvert, ou de porter insou-
ciamment une coupe de la table à ses
lèvres et de ses lèvres à la table ; et
comme il n'a pas de sac à ordure à sa
portée, il laisse tomber dans le livre les

miettes qui restent. Bavardant sans
relâche, il n'est jamais las de discuter
avec ses compagnons, et, tandis qu'il met
en avant une foule d'arguments stupides,
il mouille le livre à demi ouvert sur ses
genoux des ondées de sa salive. Oui ; et
ensuite, croisant tout d'un coup les bras,
il se penche sur le livre et, en évoquant
un moment de travail, fait venir un
somme prolongé ; puis, pour effacer
les plis du papier, il retourne la marge
des feuilles, au grand détriment du livre.
— Voilà les pluies finies et passées ; les
fleurs ont apparu dans notre pays. Alors,
l'étudiant dont nous parlons, plus propre
à gâter les livres qu'à les examiner,
bourre son volume de violettes, de pri-
mevères et de roses. De ses mains moites
de sueur il retourne les volumes ; il
feuillette le blanc vélin avec des gants
couverts de toute sorte de poussière, et
de son doigt revêtu d'un cuir usé suit
les lignes d'un bout à l'autre de la page ;
enfin, dès qu'une mouche le pique, il
jette de côté le livre sans le fermer
comme il convient, et le volume reste
ainsi des mois entiers, si bien qu'il se
remplit tellement de poussière qu'il ré-

siste ensuite aux efforts qu'on fait pour le clore.

« Mais il faut surtout interdire le maniement des livres à ces jeunes gens éhontés, qui, dès qu'ils ont appris à former les lettres, deviennent, du moment qu'ils en ont l'occasion, de lamentables annotateurs ; qui, partout où ils trouvent une marge disponible autour du texte, la garnissent d'alphabets monstrueux, ou bien laissent leur plume y écrire toutes les frivolités qui leur viennent en tête. D'un autre côté, le latiniste, le sophiste, tous les écrivains ignorants y essaient la taille de leur plume, pratique qui, nous l'avons vu souvent, amoindrit l'utilité et la valeur des plus beaux livres.

« Il y a aussi une catégorie de voleurs qui mutilent honteusement les livres, coupant les marges extérieures pour s'en faire du papier à lettre, et ne laissant que le texte, ou employant les feuilles laissées au commencement et à la fin pour protéger le volume, à des usages et à des abus divers, — genre de sacrilège qu'on devrait punir.

« C'est un devoir de civilité pour un étudiant, lorsque après le repas il revient

à l'étude, de se laver invariablement
avant de lire, et de ne jamais ouvrir les
fermoirs ou tourner les feuillets d'un
livre avec des doigts graisseux. Ne lais-
sez pas non plus un enfant pleurard
admirer les enluminures des lettres capi-
tales, de peur qu'il ne salisse le parche-
min de ses doigts mouillés, car un enfant
touche d'abord tout ce qu'il voit...

« Chaque fois qu'on remarque des défauts dans les livres, il faut les réparer
promptement ; en effet, rien ne s'agran-
dit plus vite qu'une déchirure, et un
accroc négligé sur le moment devra plus
tard être raccommodé avec beaucoup
plus de peine et moins de succès. »

XVI

C'est s'acquitter d'une partie du respect
que l'on doit aux livres que de les revê-
tir de belles reliures. Et c'est aussi se
donner à soi-même des jouissances déli-
cates, car, comme le dit Mr. Davenport,
« il est parfaitement vrai que de tous les
meubles, les livres sont les plus agréables à l'œil ». Jules Janin l'avait déjà pro-

clamé avec plus d'élan : « Le livre est si
bien fait pour être orné ; il porte avec
tant de bonheur toutes les élégances ! »
Et avant lui encore, Chevillé s'écriait, en
son lyrique enthousiasme :

« O Dieux et déesses ! quoi de plus
rare et de plus charmant que la contemplation d'un beau livre imprimé en bons
caractères, gros ou menus, avec une
bonne encre indestructible !... Il n'y a
pas de tableau du plus grand maître qui
soit plus agréable aux yeux de l'honnête
homme et du savant parfait. Honte et
malheur à qui se lasserait de regarder un
pareil livre, imprimé sur vélin ou sur
grand papier !

Tout le monde y consent et nul n'y contredit.

Boulliod-Mermet lui-même déclare
que « des livres ainsi conditionnés bril-
lent aux yeux, flattent le goût, font les
délices de ceux qui les possèdent ».

Le grave et sobre Mouravit s'échauffe
aussi sur ce sujet. « Quoi de plus beau,
s'écrie-t-il, qu'un livre dont le papier n'a
pas été parcimonieusement mesuré, et
qui laisse l'œuvre du typographe enca-
drée, comme une belle estampe, au mi-

9

lieu de marges spacieuses et bien pro-
portionnées ! »

Et il ajoute : « Rechercher une certaine
élégance dans la reliure de nos livres, ce
n'est pas seulement leur payer notre
dette de reconaissance, c'est encore donner une preuve de notre passion pour
les choses de l'art, de cet amour des
ineffables harmonies que toute nature
d'élite veut trouver ou faire naître en
tout et partout : c'est en un mot, laisser
un vivant témoignage de notre goût....

« La reliure n'est pas seulement un
abri contre les destruction, mais elle
doit révéler de prime abord, par son
élégance, par sa richesse plus ou moins
grande, par son *style*, le mérite, le prix,
la nature même du joyau qu'elle renfer-
me. »

Napoléon disait : « Je veux de belles
éditions et d'élégantes reliures. Je suis
assez riche pour cela. »

Un bibliophile anglais qui rapporte ce
propos et qui n'aime guère l'Ogre de
Corse, ne peut s'empêcher de s'attendrir :
« Il fallait qu'il ne fût pas mauvais
jusqu'au fond. » *So he could not be enti-
rely bad*.

Le journal *The Critic*, qui se publie aux Etats-Unis, insérait naguère des vers amusants sous ce titre : « Comment un bibliomaniaque relie ses livres. » J'en citerai quelques strophes :

J'aimerais à relier mes lives favoris
  de sorte que leur vêtement extérieur
à l'esprit de tout bibliomaniaque
  révélât leur contenu.

La vie de Napoléon reluirait en rouge,
  la vie de Jean Calvin en bleu ;
Ainsi symboliseraient-elles l'effusion du sang
  et la nuance d'une religion atrabilaire.

. . . .

Les *Papes* iraient bien en écarlate ;
  en vert jaloux, *Othello* ;
En gris, *la Vieillesse* de Cicéron ;
  et les *Cris de Londres* en jaune.

Mon *Walton* (1) ne pourrait mieux exprimer
  son art aimable qu'en saumon.

. . . .

Les guerres intestines, je les habillerais de
                    [vélin,
tandis qu'une peau de truie contiendrait mon
                    Bacon... (2).

(1) Isaac Walton, écrivain anglais, célèbre par son traité sur la *Pêche à la ligne*.

(2) Francis Bacon, l'auteur du *Novum Organum* et des *Essays*. — *Bacon* est un vieux mot français, passé en anglais avec son sens de *lard*.

Les tranches de la biographie d'un sculpteur
seraient marbrées comme il convient...

Les faits et dates de la guerre de Crimée,
reposeraient sous la fragrance d'un cuir russe,
et l'histoire de la conquête des Etats barba-
     sous un maroquin écrasé...   [resques,

XVII

« Aimer le livre et aimer la lecture
sont une seule et même chose pour tout
esprit cultivé », a dit encore G. Mouravit. Un amateur qu'il cite, sans le
nommer, fait un pas de plus et va jusqu'à dire : « Il y a une grande curiosité
qui s'attache avant tout au mérite des
livres ; il y en a une petite qui s'attache
à leur rareté ou à leur bizarrerie. »

Et pourquoi dédaigner si superbement
« la petite curiosité ! » Peut-être, après
tout, le collectionneur, dont un jeune
poète (Camille Delthil : *Les Tentations*)
nous fait le portrait dans le sonnet suivant, n'est-il pas si absurde et si ridicule :

Ah ! comme il trouve bon de vivre !
Tout rajeuni, tout radieux,
Dans son habit râpé de vieux.
Un immense bonheur l'enivre !

Enfin, il est à lui, le livre,
Cet alde rare et précieux,
Et qui faisait tant d'envieux.
Il ne l'a payé qu'une livre.

Il le chercha vingt ans ; hé bien !
Il le possède ; c'est l'unique !
Tous les autres ne valent rien.

Aux connaisseurs il fait la nique,
Et son orgueil est grand ; il a
Ce que personne n'a. Voilà !

Mais, comme Mr. J. Royers Rees le fait très justement remarquer dans ses *Pleasures of a Book-Worm*, « l'avidité avec laquelle on recherche et achète les premières éditions des livres fameux et les volumes contenant des autographes de l'auteur ou réveillant d'une façon ou d'une autre des souvenirs spéciaux, n'a rien qu'on doive déplorer. Le dada du dénicheur de livres est assurément aussi sensé que tout autre, et, de plus, il en appelle directement au cœur et à la tête, aux sentiments affectifs et à l'intelli-ligence. »

9.

« Qui peut se vanter d'avoir lu le *Télémaque* tel que l'écrivit Fénélon, demande Jules Janin, s'il n'a pas lu *Télémaque* dans l'édition originale ? »

M. Aug. Laugel exprime la même idée en la développant jusqu'à s'en enthousiasmer et à bondir du terre-plein de l'érudition aux régions éthérées du sentiment :

« Pourquoi voulons-nous posséder des éditions originales ?... C'est pour avoir le document vrai, la pensée de l'auteur, telle qu'elle est sortie de son cerveau...

« Par l'étude des additions, des changements, des retranchements [dans les éditions originales successives], noûs entrons dans le cœur même de l'auteur. La bibliophilie devient ici de la psychologie... »

Et, supposant qu'il vient de découvrir tout à coup, sur un vieux bouquin relié en veau, les armes de Mme de Sévigné, il repart en un mouvement dithyrambique :

« Pensez-vous que ces armes ne me feraient pas bondir de joie ? Avoir à soi, tenir dans ses mains, toucher, manier,

remanier un livre qui a été lu par l'ado-
rable femme qui a donné tant d'heures
de joie à toute âme bien née, n'est-ce
rien ? Et croyez-vous que, si telle trou-
vaille était faite, l'heureux bibliophile,
possesseur du volume, s'amuserait sotte-
ment à en changer la reliure, à mettre
du maroquin où il y avait du veau ?
Celui qui commettrait un tel crime serait honni de tous ceux qui ont l'amour
du livre. »

Ailleurs, il s'explique, d'un ton plus
calme, mais non moins convaincu :

« Non, l'amour du livre n'est pas,
comme beaucoup le croient et le disent,
un amour matériel : ce n'est pas l'amour
de l'or, fût-il aux petits fers et creusé
par les mains les plus habiles, ni l'amour
du beau papier, ni l'amour de ces reliures élégantes où la fantaisie des grands
relieurs s'est donné carrière, ni l'amour
de ce qu'on appelle la *provenance*, c'est-
à-dire des noms illustres d'anciens pro-
priétaires, rois, reines, princes et prin-
cesses, bibliophiles fameux ; il y a dans
l'amour du livre un peu de tout cela,
mais il y a autre chose encore, il y a un
sentiment idéal, difficile à définir, où

entre le respect de l'intelligence humaine
dans les plus nobles expressions qu'elle
ait trouvées, en même temps que la re-
connaissance pour ceux qui ont, avant
nous, éprouvé ce respect et qui en ont
donné la preuve dans le soin qu'ils ont
mis à orner, à conserver, à perpétuer les
plus beaux ouvrages de l'homme. »

Et, en dépit des anecdotes malveil-
lantes, plus ou moins authentiques, mais
en tout cas malaisées à mupliplier désor-
mais, ils sont si bons, ces « amis du
livre et du rien à faire ! Ils oublient
volontiers dans l'oisiveté du chez soi,
domesticus otior, disait Horace, toutes
les passions mauvaises, les vanités mi-
sérables, les ambitions malsaines, les
petits honneurs, les petits devoirs : le
vrai bibliophile est content de lui-même
et des autres » (Jules Janin).

Encore se prépare-t-il, sans le savoir, de
nouvelles sources de jouissances. M. Octave Uzanne, — *experto crede Roberto*,
— fait finement et justement remarquer
que « la monomanie bouquinière, au
début limitée, conduit très insensible-
ment, mais assez logiquement, à la po-
lymanie des choses rares et précieuses ».

« C'est, dit-il, que l'amour des livres est complexe et qu'il touche à la fois à l'art bibliopégique, à l'iconophilie et à l'autographie, et à toutes les manières de reproductions de l'idéologie....

« Le bibliophile se chrysalide dans sa bibliothèque et se révèle papillon dans la recherche du bric-à-brac ; on le croit ermite dans son cocon maroquiné, il se révèle *ailé* tout à coup dans l'ardeur de sa chasse au bibelot. »

Après tant de plaidoyers pour ou contre, un mot de Charles Asselineau me paraît de nature à rallier toutes les opinions.

La chasse aux bouquins est, à ses yeux, « une innocente manie, qui se repait d'elle-même, et qui touche à l'honneur des lettres et de la patrie, tout en faisant subsister quatre ou cinq industries » c'est-à-dire des milliers d'êtres humains.

Jugement inattaquable, je crois, et bien fait pour nous mettre la conscience en repos.

ACHEVÉ D'IMPRIMER

A PARIS

le 14 Juin 1901

SUR LES PRESSES DE

PAIRAULT & Cᶦᵉ

POUR

H. DARAGON, Libraire

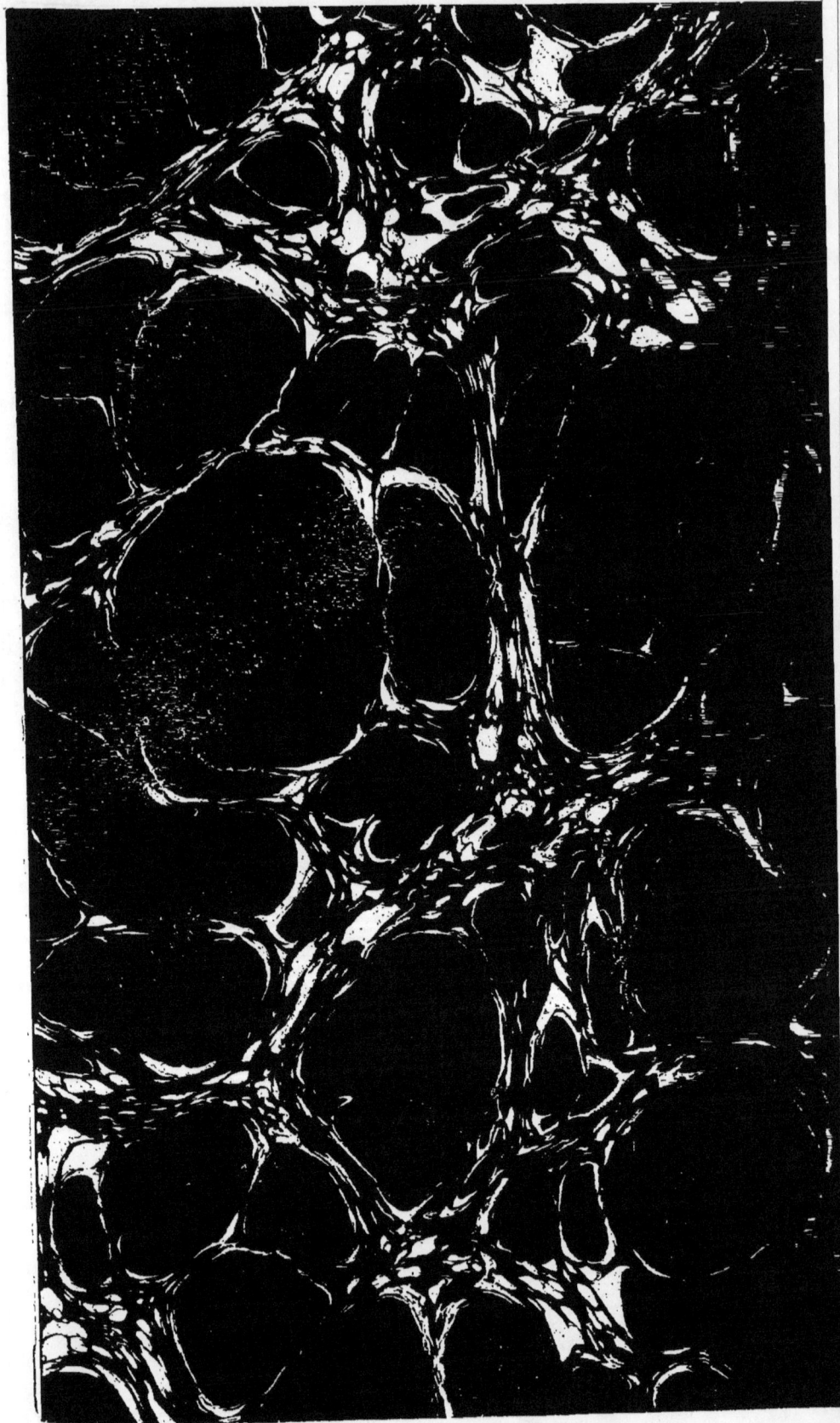

www.ingramcontent.com/pod-product-compliance
Lightning Source LLC
Chambersburg PA
CBHW071816090426
42737CB00012B/2112